JETSETTER'S
여행영어

EXPLORE THE WORLD

JETSETTER'S 여행영어
EXPLORE THE WORLD

초판 1쇄 발행 2024년 3월 10일
2쇄 발행 2024년 7월 10일

지은이 이춘화
펴낸이 장길수
펴낸곳 지식과감성#
출판등록 제2012-000081호

교정 김지원
디자인 이현, 강샛별
편집 이현, 정윤솔, 서혜인
검수 한장희
마케팅 김윤길, 정은혜

주소 서울시 금천구 벚꽃로298 대륭포스트타워6차 1212호
전화 070-4651-3730~4
팩스 070-4325-7006
이메일 ksbookup@naver.com
홈페이지 www.knsbookup.com

ISBN 979-11-392-1678-3(13740)
값 18,000원

- 이 책의 판권은 지은이에게 있습니다.
- 이 책 내용의 전부 또는 일부를 재사용하려면 반드시 지은이의 서면 동의를 받아야 합니다.
- 잘못된 책은 구입하신 곳에서 바꾸어 드립니다.

지식과감성#
홈페이지 바로가기

유튜브
표현훈련

JETSETTER'S 여행영어

EXPLORE THE WORLD

이춘화 지음

국제교류수업, 어학연수, 해외여행의 완벽한 선택!

지식과감성

머리말

학교 현장에서는 아이들에게 영어를 가르치는 일에, 방학 때는 학생들을 데리고 미국, 캐나다, 호주, 중국, 인도네시아, 베트남 등 여러 나라의 학교 학생들과 국제교류를 하면서 미래 역량을 갖춘 글로벌 인재 양성하는 일에 매진해 왔습니다. 국제교류를 준비하면서 공항 출발부터 비행기 탑승, 숙소 예약 및 체크인, 교통수단 이용할 때, 식당에서, 여행 중 길 묻기, 위급상황 등 현지에서 만날 수 있는 상황별 꼭 필요한 필수 표현들을 익힐 수 있도록 아이들에게 수업을 해 왔습니다. 그 결과물로 이제는 학생들은 물론 일반인들에게도 도움이 될 만한 이런 책을 내게 된 것에 대해 참으로 보람되고 감사하게 생각하고 있습니다.

여행은 모험이자 새로운 경험의 시작으로, 새로운 장소를 탐험하고 다른 문화와 소통하는 기회라 생각합니다. 많은 이들에게 언어의 장벽은 여행을 더 힘들고 불편하게 만들기도 합니다. 해외에서 효과적으로 의사소통하는 능력은 안전하고 편안하고 행복한 여행을 위한 필수 사항일 뿐만 아니라 다른 문화를 체험하면서 다른 나라 사람들을 이해하고 더 깊게 연결하는 수단이 되기도 합니다.

제가 책을 만들면서 이 책은 영어라는 언어 장벽으로부터 세계인들과 소통을 원활하게 하는 창구여야 한다는 생각을 많이 했습니다. 책을 구성하고 있는 모든 표현과 구문은 필수 표현들로 간결함을 유지하려고 노

력했습니다. 어려운 단어나 혼란스러운 표현이 오히려 의사소통을 방해할 수 있다고 생각했기 때문입니다. 그래서 이 책은 여행자를 위한 간단하면서도 상황별 필수적인 구문과 표현들로 가득 찬 보물창고가 될 수 있습니다.

이 책을 효과적으로 활용하기 위해서는 교재와 YouTube 동영상을 함께 사용하는 것을 권하고 싶습니다. 유튜브 동영상은 교재 내용을 보완하여 특히 듣기와 말하기에 도움이 되도록 설계되었으며, 본문의 표현들을 따라서 연습할 수 있도록 원어민의 소리로 만들었습니다.

'연습이 완벽함을 만든다'라는 말이 있듯이 영어 듣기, 말하기 실력은 무한 반복 연습을 통해서 향상됩니다. 표현들이 입에서 자연스럽게 흘러나올 때까지 꾸준한 훈련과 연습이 필요합니다. 그리고 연습할 때는 문장들을 의미 단위로 나눠서 연습해 보세요. 블록, 이미지 덩어리로 연습하면 표현이 좀 더 자연스럽고 의식적인 노력 없이 숨을 쉬듯 편안하게 입 밖으로 나오게 됩니다. 어떤 상황에서도 영어로 어떻게 말하면 되는지 배우고 익히고 기억하고 연습하여 소망하는 많은 나라를 탐험하고 체험하는 진정한 Global Jetsetter가 되시기 바랍니다.

감사합니다.

지은이 이춘화

여행이 더 즐거워지는 여행영어 학습법

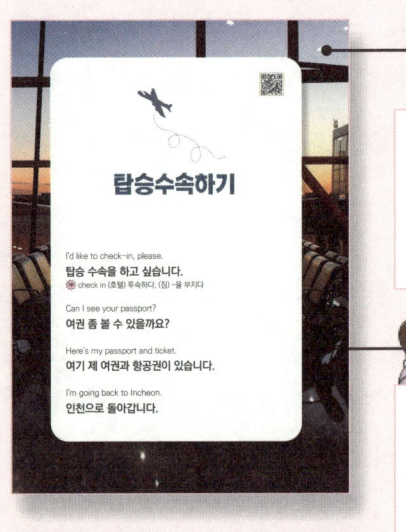

스마트폰으로 QR 코드를 스캔하면 본문 내용이 담긴 유튜브 동영상을 볼 수 있어요. 3번씩 반복해서 상황별로 원어민의 음성을 들어 보아요.

실제로 여행지에서 상황별 쉽고 유용한 표현들만 정리했습니다. 여행을 하면서 '이럴 땐 영어로 뭐라고 말할까?' 모두들 한 번 정도는 생각해 보셨을 것입니다. 이러한 궁금증을 속 시원하게 풀어 드리기 위해서 출국 수속, 비행기 탑승, 숙소 예약 및 체크인, 교통수단 이용하기, 식당에서, 여행 중 길 묻기, 위급상황, 렌터카 예약 등 여행지에서 만날 수 있는 상황별 꼭 필요한 필수 표현만 담았습니다. 유튜브 동영상을 보면서 쉐도잉 학습을 꾸준히 해 보세요.

우리말을 보고 앞 본문 내용을 생각하면서 우선 영어로 영작해 보고 영어로 말해 보세요. 상황을 상상하며 가급적이면 감정을 살려 입에서 말이 자연스럽게 나올 때까지 반복 연습합니다.

JETSETTER'S 여행영어

Date:

탑승 수속

check-in
탑승(투숙)수속

passport
여권

window seat
창가 자리

scale
저울

extra charge
추가요금

on board
기내에

22

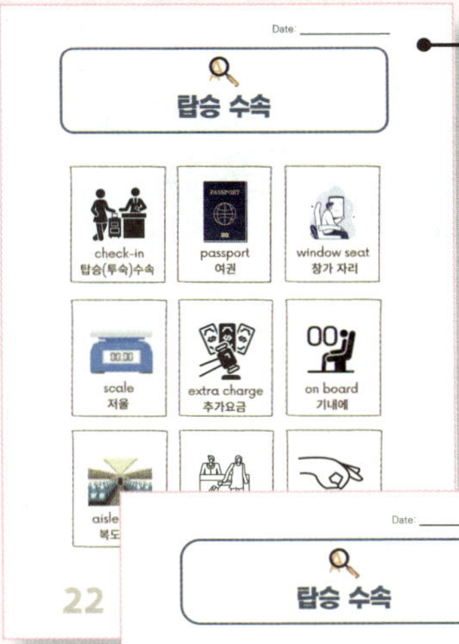

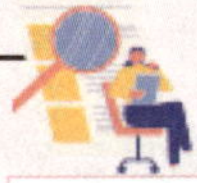

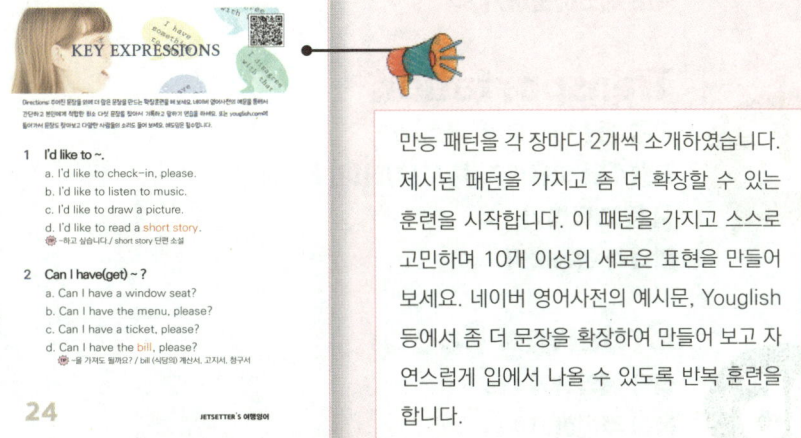

각 파트마다 본문에 나오는 꼭 필요한 단어들을 그래픽과 함께 만들었습니다. 말을 할 때는 이러한 표현만 알아도 의사소통이 될 수가 있습니다. 표현을 이해하는 데 유용하게 사용될 것입니다.

Date:

탑승 수속

check-in

passport

window seat

scale

extra charge

on board

aisle seat

check-out

place

02 Departures

23

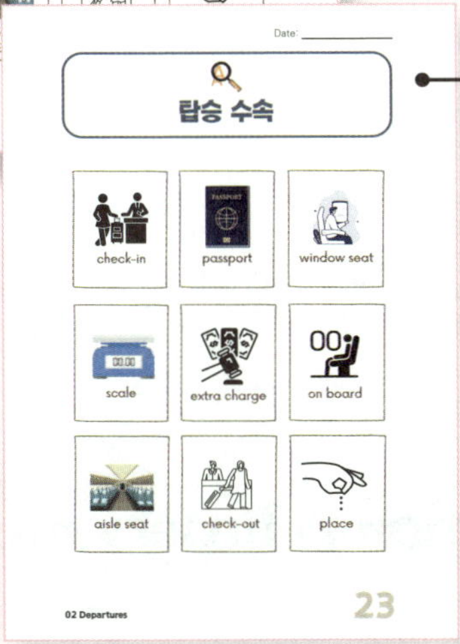

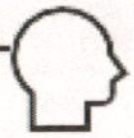

다시 한번 그림과 단어들을 보면서 앞에서 배운 표현을 생각해 보세요. 그리고 우리말 뜻을 써보세요. 반복 연습은 필수입니다.

KEY EXPRESSIONS

1 I'd like to ~.

a. I'd like to check-in, please.

b. I'd like to listen to music.

c. I'd like to draw a picture.

d. I'd like to read a short story.

~하고 싶습니다./ short story 단편 소설

2 Can I have(get) ~ ?

a. Can I have a window seat?

b. Can I have the menu, please?

c. Can I have a ticket, please?

d. Can I have the bill, please?

~을 가져도 될까요? / bill (식당의) 계산서, 고지서, 청구서

24 JETSETTER's 여행영어

만능 패턴을 각 장마다 2개씩 소개하였습니다. 제시된 패턴을 가지고 좀 더 확장할 수 있는 훈련을 시작합니다. 이 패턴을 가지고 스스로 고민하며 10개 이상의 새로운 표현을 만들어 보세요. 네이버 영어사전의 예시문, Youglish 등에서 좀 더 문장을 확장하여 만들어 보고 자연스럽게 입에서 나올 수 있도록 반복 훈련을 합니다.

Table of Contents

01 Travel Tips
해외여행 완벽 준비 12
짐 꾸리기 15

02 Departures
탑승 수속하기 18
보안 검색하기 25
기내에서 32
공항에서 유용한 정보 39

03 Accommodation & Reservations
숙소 체크인하기 48
숙소 서비스 이용하기 55
숙소 체크아웃하기 62

04 Transportation
교통수단 이용하기(버스) 72
교통수단 이용하기(택시/지하철) 81
길 묻고 답하기 92
렌터카 이용하기 104

05 Ordering Food
식당 예약하기 116
음식 주문하기 122
불평·추가 요청하기 128
계산하기 134

06 Sightseeing
관광지 정보 142
티켓 구매하기 148
사진 촬영 154
쇼핑하기 160

07 Arrival
입국 심사 168
세관 신고 175
수하물 찾기 182

08 Emergency Situation
아프거나 다쳤을 때 192
분실·도난 199
교통사고 났을 때 206

09 Improving Speaking Skills
짧고 가벼운 대화 216
만능 영어 패턴 230
축약&줄임말 245

10 Valuable Travel Insights
여행이 더 안전하고 편해지는 스마트한 정보 254
입국신고서 작성하기 257
분실/도난 물품 신고서 작성하기 260

01

Travel Tips

해외여행 완벽 준비

여권
유효 기간이 6개월 이상 남아 있는 유효한 여권을 소지하고 있는지 확인한다. 혹시 여권을 분실한 경우, 여권 대신 사용할 수도 있으니 사진과 신상 기록이 있는 첫 페이지를 복사해 둔다. 그리고 여행국에 대한 비자 요구 사항을 확인하고 여행하기 전에 필요한 비자를 받는다.

항공권
항공권 분실에 대비해 사진으로 미리 찍어서 휴대폰에 저장해 두고 구입한 여행사의 연락처를 메모해 둔다.

현지 화폐 및 신용카드
현지 화폐는 현지에서 사용할 만큼만 미리 하나은행에서 환전을 해 두면 좋다. 신용카드는 비상시 요긴하게 쓸 수 있으므로 하나 정도는 가져가는 게 좋다.

국제운전면허증(1년마다 갱신)/영문면허증(10년마다 갱신)
차량을 렌트하여 운전할 계획이라면 반드시 미리 국제운전면허증을 발급받아 가져가야 한다. 영문운전면허증 허용국가가 많아지는 추세이다. 영문면허증 적극 추천한다. (아시아 15개국, 아메리카 17개국, 유럽 17개, 중동 4개국)

여권 사진
여권 분실 시 사진 2장이 필요하므로 미리 준비해 둔다.

Messenger Bag(Shoulder Bag)

여권, 항공권, 지갑 등 귀중품을 몸에 가까이 휴대하고 다니는 것이 도난이나 분실로부터 내 귀중품을 지키는 방법이다.

의류

짐을 최소한으로 하여 여행을 다니면 더 쉽게 이동할 수 있다. 보통 1인당 20kg~23kg 정도 수하물 처리가 가능하다. 다용도로 사용할 수 있는 옷을 가져가는 것이 좋으며 해변으로 갈 때를 대비해 수영복, 래시가드, 챙이 넓은 모자, 선글라스, 자외선 차단제, 방수 가방 등을 준비하는 것이 좋다.

휴대폰

로밍을 하거나 2주 이상 여행을 하는 경우라면 유심도 고려해 볼 만하다. 유심을 구입하게 되면 빠른 인터넷과 현지 전화번호를 받을 수 있고 현지인들과 통화도 자유롭게 할 수 있다.

여행자 보험

의료 응급 상황, 여행 취소 또는 중단, 수하물 분실 및 기타 예상치 못한 상황에 대한 보상을 제공하는 여행자 보험에 가입해 두는 게 좋다. 의료비가 비싼 국가(지역)를 방문하는 경우는 보상 한도를 충분히 높여서 가입하는 것도 좋은 방법이다.

건강 및 예방 접종

여행국에 맞는 예방 접종이나 약이 필요한지 확인한다. 필수 의약품, 방충제 및 필요한 처방전이 들어 있는 작은 응급 처치 키트를 휴대하는 것도 좋다.

여행 일정 및 연락처 정보

신뢰할 수 있는 가족이나 친구와 여행 일정을 공유하며, 숙소 세부 정보와 비상 연락처를 포함한 여행 일정 사본을 휴대폰에 보관한다.

현지 기본 문구 배우기

인사, 감사, 도움 요청과 같은 현지 언어로 된 몇 가지 기본 문구를 숙지해 준다. 의사소통과 존경심을 나타내는 데 큰 도움이 될 수 있다.

안전한 교통수단 이용

특히 공항에 도착하거나 공항에서 출발할 때 면허가 있는 택시나 공용 버스 같은 교통수단을 우선적으로 이용하고 비공식적인 차량을 피한다.

가족과 연락 유지

가족이나 친구에게 여행 계획을 알리고 주기적으로 확인한다. 특히 혼자 여행하는 경우 신뢰할 수 있는 앱을 사용하여 위치를 공유한다.

물품을 분실한 경우

현지에서 여행 중에 물품의 도난, 파손 등에 의한 분실일 경우, 현지 경찰서에 잃어버린 물건에 대해 신고하고, 해외여행자보험에 가입한 경우 현지경찰서로부터 '분실신고확인서'를 발급받는다. 확인서에는 도난 장소와 시간, 사유 등을 기록해야 하며, 귀국 후 해당 보험 회사에 청구하면 보험처리가 가능하다.

짐 꾸리기

여권, 항공권, 증명사진, 휴대폰

모자, 수영복, 샌들, 우산, 선글라스

비상약, 생리용품 선블록

세면도구, 면도기, 로션, 빗

화장품, 손톱깎이, 칫솔과 치약

작은 가방, 현금, 헤드폰, 이어폰, 책

02

Departures

탑승 수속하기

I'd like to check-in, please.
탑승 수속을 하고 싶습니다.
TIP check in (호텔) 투숙하다, (짐) ~을 부치다

Can I see your passport?
여권 좀 볼 수 있을까요?

Here's my passport and ticket.
여기 제 여권과 항공권이 있습니다.

I'm going back to Incheon.
인천으로 돌아갑니다.

Can we sit together?
저희 같이 앉을 수 있나요?

I have only one bag to check-in.
체크인할 가방이 한 개 있습니다.

Can I have a window seat?
창가 좌석을 주시겠어요?
TIP window seat 창가 자리, aisle seat 통로 자리

Can you place your bag on the scale?
가방을 저울에 올려놓으시겠어요?
TIP scale 저울

What's the weight limit?
허용 무게는요?

How much is the extra charge?
추가 요금은 얼마인가요?

Can I carry this on board?
이것을 기내에 가지고 갈 수 있나요?

Improving Writing and Speaking Skills
PRACTICE, PRACTICE AGAIN & AGAIN

1. 탑승 수속을 하고 싶습니다.

2. 여권 좀 볼 수 있을까요?

3. 여기 제 여권과 항공권이 있습니다.

4. 인천으로 돌아갑니다.

5. 저희 같이 앉을 수 있나요?

6. 체크인할 가방이 한 개 있습니다.

7. 여기 e-티켓이 있습니다.

---

8. 창가 좌석을 주시겠어요?

---

9. 가방을 저울에 올려놓으시겠어요?

---

10. 허용 무게는요?

---

11. 추가 요금은 얼마인가요?

---

12. 이것을 기내에 가지고 갈 수 있나요?

Date: _____

탑승 수속

check-in
탑승(투숙)수속

passport
여권

window seat
창가 자리

scale
저울

extra charge
추가요금

on board
기내에

aisle seat
복도좌석

check-out
계산하고 나가다

place
놓다

Date: _____

탑승 수속

check-in	passport	window seat
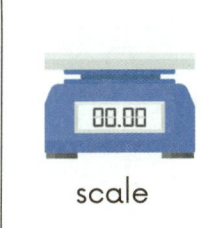		
scale	extra charge	on board

aisle seat	check-out	place

KEY EXPRESSIONS

Directions: 주어진 문장들 외에 더 많은 문장을 만드는 확장훈련을 해 보세요. 네이버 영어사전의 예문을 통해서 간단하고 본인에게 적합한 최소 다섯 문장을 찾아서 기록하고 말하기 연습을 하세요. 또는 youglish.com에 들어가서 문장도 찾아보고 다양한 사람들의 소리도 들어 보세요. 쉐도잉은 필수입니다.

1 I'd like to ~.

a. I'd like to check-in, please.

b. I'd like to listen to music.

c. I'd like to draw a picture.

d. I'd like to read a short story.

TIP ~하고 싶습니다./ short story 단편 소설

2 Can I have(get) ~ ?

a. Can I have a window seat?

b. Can I have the menu, please?

c. Can I have a ticket, please?

d. Can I have the bill, please?

TIP ~을 가져도 될까요? / bill (식당의) 계산서, 고지서, 청구서

JETSETTER'S 여행영어

보안 검색하기

Please take off your shoes.
신발을 벗어 주세요.

 take off (옷) ~을 벗다, (비행기) 이륙하다

Please remove all liquids from your bag.
가방에서 모든 액체를 빼 주세요.

 liquid 액체/Please empty your bag. 가방에 있는 것을 꺼내 주세요.

Please take your laptop out of your bag.
노트북은 가방에서 꺼내 주세요.

Please go through the metal detector.
금속 탐지기를 통과해 주세요.

Show me your boarding pass.
탑승권을 보여 주세요.

Please spread your arms.
양팔을 벌려 주세요.

Do you have any metal in your pockets?
주머니에 금속류가 있나요?

I have nothing in my pockets.
주머니에 아무것도 없어요.

Is this bag yours?
이 가방은 당신 것인가요?

Please put the jacket in the basket.
재킷을 바구니에 넣어 주세요.

No more than 100ml of liquid is allowed.
100ml 이상의 액체류는 허용되지 않습니다.

TIP no more than ~보다 더 많지 않다, more than ~보다 많은

Improving Writing and Speaking Skills
PRACTICE, PRACTICE AGAIN & AGAIN

1. 신발을 벗어 주세요.

---

2. 가방에서 모든 액체를 빼 주세요.

---

3. 노트북은 가방에서 꺼내 주세요.

---

4. 금속 탐지기를 통과해 주세요.

---

5. 탑승권을 보여 주세요.

---

6. 양팔을 벌려 주세요.

7. 가방을 살펴봐도 될까요?

8. 주머니에 금속류가 있나요?

9. 주머니에 아무것도 없어요.

10. 이 가방은 당신 것인가요?

11. 재킷을 바구니에 넣어 주세요.

12. 100ml 이상의 액체류는 허용되지 않습니다.

Date: _____

보안검색

 **take off** 벗다, 이륙하다	 **remove** 빼내다	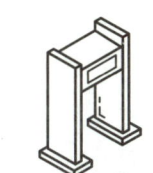 **metal detector** 금속 탐지기
 **boarding pass** 탑승권	 **spread** 벌리다	 **liquid** 액체
more than ~이상	 **allow** 허락하다	 **search** 뒤지다, 수색하다

Date: _____

보안검색

		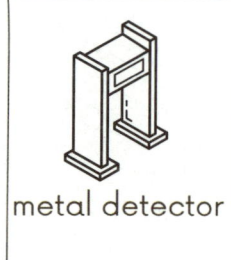
take off	remove	metal detector

boarding pass	spread	liquid

more than	allow	search

JETSETTER'S 여행영어

KEY EXPRESSIONS

Directions: 주어진 문장들 외에 더 많은 문장을 만드는 확장훈련을 해 보세요. 네이버 영어사전의 예문을 통해서 간단하고 본인에게 적합한 최소 다섯 문장을 찾아서 기록하고 말하기 연습을 하세요. 또는 youglish.com에 들어가서 문장도 찾아보고 다양한 사람들의 소리도 들어 보세요. 쉐도잉은 필수입니다.

1 Please show me ~ .

a. Please show me your boarding pass.

b. Please show me how to use this app.

c. Please show me your passport.

d. Please show me the red shirt?

TIP ~좀 보여 주세요.

2 Do you have ~ ?

a. Do you have any metal in your pocket?

b. Do you have a city map?

c. Do you have a table for two?

d. Do you have a larger size in this shirt?

TIP ~을 가지고 있어요?

기내에서

This is my seat.
여기는 내 좌석입니다.

It's over there by the window.
저기 창가 쪽 좌석입니다.

May I recline my seat?
의자 좀 눕혀도 될까요?
TIP recline 비스듬히 기대다(눕다)

Can I change my seat?
자리 좀 바꿀 수 있나요?

Can I have some water?

Someone is in my seat.
누가 제 좌석에 앉아 있네요.

Can I have a blanket?
담요 하나 주시겠어요?

When is the meal served?
기내식이 몇 시에 제공되나요?

I'd like some snacks.
스낵 좀 원합니다.

Wake me up at mealtime.
식사 시간에 깨워 주세요.

Do you have chill paste?
고추장 있나요?

> **TIP** chill(pepper) paste 고추장, soybean paste 된장

Can you take this away?
이것 좀 치워 주실래요?

Improving Writing and Speaking Skills
PRACTICE, PRACTICE AGAIN & AGAIN

1. 여기는 내 좌석입니다.

2. 저기 창가 쪽 좌석입니다.

3. 의자 좀 눕혀도 될까요?

4. 자리 좀 바꿀 수 있나요?

5. 누가 제 좌석에 앉아 있네요.

6. 담요 하나 주시겠어요?

Can I have a blanket?

7. 기내식이 몇 시에 제공되나요?

---

8. 물 좀 주시겠어요?

---

9. 스낵 좀 원합니다.

---

10. 식사 시간에 깨워 주세요.

---

11. 고추장 있나요?

---

12. 이것 좀 치워 주실래요?

Date: _____

기내에서

by the window
창가옆

recline
기대다, 넘기다

mealtime
식사시간

wake someone up
누군가를 깨우다

chill paste
고추장

take away
치우다, 없애다

serve
제공하다

snack
식사, 간식

over there
저기, 저쪽에

JETSETTER'S 여행영어

기내에서

by the window

recline

mealtime

wake someone up

chill paste

take away

serve

snack

over there

KEY EXPRESSIONS

Directions: 주어진 문장들 외에 더 많은 문장을 만드는 확장훈련을 해 보세요. 네이버 영어사전의 예문을 통해서 간단하고 본인에게 적합한 최소 다섯 문장을 찾아서 기록하고 말하기 연습을 하세요. 또는 youglish.com에 들어가서 문장도 찾아보고 다양한 사람들의 소리도 들어 보세요. 쉐도잉은 필수입니다.

1 This is ~ . ~ 이것은(이번이) ~입니다.

a. This is my seat.

b. This is my book.

c. This is my favorite restaurant.

d. This is my first time here.
  여기는 이번이 처음입니다.
  TIP 소유권을 표현하거나 사람이나 물건을 소개할 때

2 Could you ~ ? 혹시 ~해 주실 수 있어요?

a. Could you take this away?

b. Could you pass me the salt, please?

c. Could you open the gate?

d. Could you tell me the time?
  TIP 도움이나 부탁, 요청하는 예의 바른 표현
  the time 몇 시, 시간/ 몇 시인지 알려 주시겠습니까?

JETSETTER's 여행영어

공항에서 유용한 정보

Where is the information desk?
안내소가 어디에 있나요?

Can I get a city map?
시내 지도 좀 얻을 수 있을까요?

Any delays or cancellations for my flight?
제 비행 편에 지연이나 취소가 있는지요?
 delay 지연, cancellation 취소, 무효, 말소

Where is the duty-free shop?
면세점이 어디 있어요?

Is there a lost and found office?
분실물 센터가 있나요?

Could you tell me where the bus stop is?
버스정류장이 어디죠?

Can I use free Wi-Fi internet?
무료 와이파이를 쓸 수 있나요?

Can I cancel my reservation?
항공 예약을 취소할 수 있나요?

Can I change the date for my flight?
항공권 날짜 변경을 할 수 있나요?

TIP date 날짜, day(24시간 동안의) 하루, 날, 요일
e.g. field day, off day, sports day, hug day, hump day

What's your return date?
돌아오는 날이 며칠입니까?

What's the arrival time?
도착 시간은 몇 시인가요?

Improving Writing and Speaking Skills
PRACTICE, PRACTICE AGAIN & AGAIN

1. 안내소가 어디에 있나요?
   ----

2. 시내 지도 좀 얻을 수 있을까요?
   ----

3. 제 비행 편에 지연이나 취소가 있는지요?
   ----

4. 면세점이 어디 있어요?
   ----

5. 분실물 센터가 있나요?
   ----

6. 버스정류장이 어디죠?

Free Delivery

7. 무료 와이파이를 쓸 수 있나요?
---

8. 항공 예약을 취소할 수 있나요?
---

9. 항공권 날짜 변경을 할 수 있나요?
---

10. 언제 출발하시나요?
---

11. 돌아오는 날이 며칠입니까?
---

12. 도착 시간은 몇 시인가요?

Date: _____

공항에서 유용한 정보

information desk
안내소

dealy
지연, 지체

cancellation
취소

duty-free
면세의

lost and found
분실물 센터

free wi-fi
무료 와이파이

reservation
예약

return date
돌아오는 날

arrival time
도착시간

Date: _____

공항에서 유용한 정보

information desk

dealy

cancellation

duty-free

lost and found

free wi-fi

reservation

return date

arrival time

KEY EXPRESSIONS

Directions: 주어진 문장들 외에 더 많은 문장을 만드는 확장훈련을 해 보세요. 네이버 영어사전의 예문을 통해서 간단하고 본인에게 적합한 최소 다섯 문장을 찾아서 기록하고 말하기 연습을 하세요. 또는 youglish.com에 들어가서 문장도 찾아보고 다양한 사람들의 소리도 들어 보세요. 쉐도잉은 필수입니다.

1   Where is ~ ? ~ 이(은) ~에 있죠?

a. Where is the information desk?

b. Where is my phone?

c. Where is the library?

d. Where is the nearest bus stop?

TIP 다양한 장소나 물건의 위치를 물어볼 때

2   Is there ~ ? ~에 ~가 있나요?

a. Is there a lost and found office?

b. Is there a park near here?

c. Is there a post office in this town?

d. Is there a cafe around here?

TIP 다양한 장소나 시설, 물건의 존재 여부를 물을 때
a lost and found office 분실물 센터

03

Home is where the heart is. - Pliny the Elder
마음 가는 곳이 집이다.

Accommodation & Reservations

숙소 체크인하기

I have a reservation under Mike.
마이크로 예약했어요.
TIP It's under Mike. 호텔직원은 hotel attendant라고 말해요.

Could I see your ID?
신분증을 볼 수 있을까요?

Do you have a reservation with us?
저희와 예약하셨나요?

How many days will you stay?
며칠 머무를 건가요?
TIP 예약할 때 체크인/체크아웃 시간을 물어보고 싶다면,
When is check-in/check-out time?

When is your check out time?

Do you have anything cheaper?
더 싸게 살 수 있는 것이 있나요?

There are only a few rooms left.
방이 몇 개 남아 있습니다.

Could I get a double bed?
더블 침대를 요청할 수 있을까요?
TIP double bed 2인용 침대, twin bed 1인용 침대가 2개

Could you fill out this reservation form?
이 예약 양식을 작성해 주실 수 있을까요?

What time is breakfast served?
아침 식사는 몇 시에 제공되나요?

Can I get a late check out tomorrow?
내일 늦게 체크아웃할 수 있을까요?

You can check out until 2 p.m.
오후 2시까지 체크아웃하실 수 있습니다.

Improving Writing and Speaking Skills
PRACTICE, PRACTICE AGAIN & AGAIN

1. Mike로 예약했어요.

   ------

2. 신분증을 볼 수 있을까요?

   ------

3. 저희와 예약하셨나요?

   ------

4. 며칠 머무를 건가요?

   ------

5. 더 싸게 살 수 있는 것이 있나요?

   ------

6. 방이 몇 개 남아 있습니다.

7. 더블 침대를 요청할 수 있을까요?

---

8. 이 예약 양식을 작성해 주실 수 있을까요?

---

9. 아침 식사는 몇 시에 제공되나요?

---

10. 내일 늦게 체크아웃할 수 있을까요?

---

11. 체크아웃 시간은 언제인가요?

---

12. 오후 2시까지 체크아웃하실 수 있습니다.

Date: _____

숙소 체크인하기

ID
신분증

How many days
며칠간

stay
머무르다

cheaper
보다 저렴한

is left
남아있다

double bed
2인용 침대

fill out
작성하다

late check
늦은 체크아웃

until/by 2 p.m.
오후 2시 까지

52

JETSETTER'S 여행영어

Date: _____

숙소 체크인하기

ID	How many days	stay

cheaper	is left	double bed

fill out	late check	until/by 2 p.m.

03 Accommodation & Reservations

KEY EXPRESSIONS

Directions: 주어진 문장들 외에 더 많은 문장을 만드는 확장훈련을 해 보세요. 네이버 영어사전의 예문을 통해서 간단하고 본인에게 적합한 최소 다섯 문장을 찾아서 기록하고 말하기 연습을 하세요. 또는 youglish.com에 들어가서 문장도 찾아보고 다양한 사람들의 소리도 들어 보세요. 쉐도잉은 필수입니다.

1 How many ~ ?   ~가 몇 ( )이냐?

a. How many days will you stay?

b. How many apples do you have?

c. How many books are on the shelf?

d. How many students are in the class?

> TIP 양과 숫자를 물을 때, shelf 책꽂이, 선반

2 What time ~ ? ~가(는) 몇 시냐?

a. What time is breakfast served?

b. What time does the movie start?

c. What time is the meeting?

d. What time is the last train?

> TIP 다양한 맥락에서 특정시간을 물을 때, be served (음식이) 나오다

숙소 서비스 이용하기

Can I use free Wi-Fi in my room?
객실에서 무료 인터넷을 이용할 수 있나요?

Can I get some room service?
룸서비스를 받을 수 있을까요?

Is there a good restaurant nearby?
근처에 좋은 식당이 있나요?
 nearby (이) 근처에 (= near here, around here, close by)

What would you like to order?
무엇을 주문하시겠어요?

I have some laundry.

I'd like to order some food to my room.
방으로 음식을 주문하고 싶습니다.

Can I get(have) an extra pillow?
베개 하나 더 주실 수 있나요?
TIP 두 개라면 당연히 two extra pillows/two extra towels

Your total comes to $25.
총 금액은 25달러입니다.
TIP come to (총계가) ~이 되다

I'm a little lost.
길을 잃었어요.

Where's the swimming pool?
수영장은 어디 있나요?

Swimming pool is on the 2nd floor.
수영장은 2층에 있습니다.

Do you have pick-up service?
픽업 서비스가 되나요?

Improving Writing and Speaking Skills
PRACTICE, PRACTICE AGAIN & AGAIN

1. 객실에서 무료 인터넷을 이용할 수 있나요?
   ----

2. 룸서비스를 받을 수 있을까요?
   ----

3. 근처에 좋은 식당이 있나요?
   ----

4. 무엇을 주문하시겠어요?
   ----

5. 방으로 음식을 주문하고 싶습니다.
   ----

6. 베개 하나 더 주실 수 있나요?

7. 세탁물이 좀 있습니다.

8. 총 금액은 25달러입니다.

9. 길을 잃었어요.

10. 수영장은 어디 있나요?

11. 수영장은 2층에 있습니다.

12. 픽업 서비스가 되나요?

Date: _____

숙소 서비스 이용하기

room service
룸서비스

nearby
인근에, 근처에

order
주문하다

extra pillow
여분의 베게

come to something
~이 되다

a little / a few
조금, 약간

swimming pool
수영장

on the 2nd floor
2층에

pick up
~를 태우러가다

03 Accommodation & Reservations

Date: _____

숙소 서비스 이용하기

room service

nearby

order

extra pillow

come to something

a little/a few

swimming pool

on the 2nd floor

pick up

KEY EXPRESSIONS

Directions: 주어진 문장들 외에 더 많은 문장을 만드는 확장훈련을 해 보세요. 네이버 영어사전의 예문을 통해서 간단하고 본인에게 적합한 최소 다섯 문장을 찾아서 기록하고 말하기 연습을 하세요. 또는 youglish.com에 들어가서 문장도 찾아보고 다양한 사람들의 소리도 들어 보세요. 쉐도잉은 필수입니다.

1 Can I use ~ ?

a. Can I use free Wi-Fi in my room?

b. Can I use your phone for a moment?

c. Can I use this chair?

d. Can I use the restroom, please?

> TIP 다양한 물건이나 시설의 사용 허락을 구할 때, for a moment 잠시, 잠시 동안, 잠깐

2 What would you like to ~ ?

a. What would you like to order?

b. What would you like to eat for dinner?

c. What would you like to watch on TV?

d. What would you like to do this weekend?

> TIP 다양한 맥락에서 선호와 선택에 관해 물을 때
> this weekend 이번 주말, on weekends=every weekend 주말마다

숙소 체크아웃하기

When is check-out time?
체크아웃은 몇 시인가요?

I'm checking out this morning.
오늘 아침에 체크아웃하려고 합니다.
🏷️ I'm checking out now. 지금 체크아웃하려고요.

How was your stay with us?
저희 숙소에서 어떠셨나요?
🏷️ 더 머물고 싶다면 I'd like to stay an extra/another night.

Can I have my bill, please?
계산서 좀 주시겠어요?
🏷️ bill 혹은 check 계산서(주로 미국에서는 check, 영국에서는 bill)

I enjoyed my stay.

Could you confirm the total amount?
총액을 확인해 주시겠어요?

How much is the charge?
숙박 요금이 얼마죠?

Do I need to pay anything else?
다른 비용을 지불해야 하나요?

Could you keep my bags for a while?
잠시 짐을 여기에 맡겨도 될까요?
TIP 무언가를 맡기고 외출할 때 Can I leave my bag here?라고 하면 된다.

Could you arrange a taxi for me?
택시를 예약해 주시겠어요?
TIP arrange 준비하다, 처리하다, 정리하다, 마련하다

Is there an airport shuttle service?
공항 셔틀 서비스가 있나요?

You're all set!
모든 준비가 되었습니다!

03 Accommodation & Reservations

Improving Writing and Speaking Skills
PRACTICE, PRACTICE AGAIN & AGAIN

1. 체크아웃은 몇 시인가요?
   ----

2. 오늘 아침에 체크아웃하려고 합니다.
   ----

3. 저희 숙박 시설에서 어떠셨나요?
   ----

4. 영수증 좀 주시겠어요?
   ----

5. 총액을 확인할 수 있어요?
   ----

6. 숙박 요금이 얼마죠?

You're all set.

7. 다른 비용을 지불해야 하나요?

---

8. 잠시 짐을 여기에 맡겨도 될까요?

---

9. 택시를 예약해 주시겠어요?

---

10. 공항 셔틀 서비스가 있나요?

---

11. 즐거웠습니다.

---

12. 모든 준비가 되었습니다!

숙소 체크아웃하기

check out
호텔 등에서 나오다

bill
영수증/계산서

confirm
확인하다

total amount
총액

charge
요금/청구하다

for a while
잠시동안

arrange
예약/약속 잡다

shuttle service
왕복운행 서비스

be all set
준비가 되어있다

Date: _____

숙소 체크아웃하기

check out

bill

confirm

total amount

charge

for a while

arrange

shuttle service

be all set

KEY EXPRESSIONS

Directions: 주어진 문장들 외에 더 많은 문장을 만드는 확장훈련을 해 보세요. 네이버 영어사전의 예문을 통해서 간단하고 본인에게 적합한 최소 다섯 문장을 찾아서 기록하고 말하기 연습을 하세요. 또는 youglish.com에 들어가서 문장도 찾아보고 다양한 사람들의 소리도 들어 보세요. 쉐도잉은 필수입니다.

1 How was your ~ ?

a. How was your stay with us?

b. How was your day?

c. How was your weekend?

d. How was your trip?

> TIP 다양한 경험과 활동이 어땠는지 물어볼 때

2 Do I need to ~ ?

a. Do I need to pay anything else?

b. Do I need to bring my passport?

c. Do I need to pay in advance?

d. Do I need to fill out a form?

> TIP 다양한 맥락과 상황에서 어떤 동작이 필요한지를 물을 때
> in advance 미리/ fill out 작성하다/ a form 서식

—— memo ——

04

The world is a book, and those
who don't travel read only one page.- Saint Augustine
세상은 책이고, 여행을 하지 않은 사람은 한 페이지만 읽은 것이다

Transportation

교통수단 이용하기 (버스)

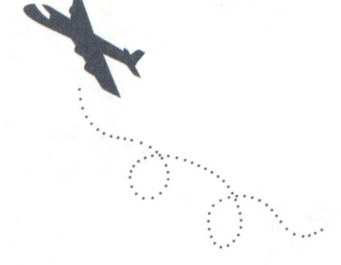

Where is the bus stop?
버스 정류장이 어디 있나요?
> TIP 이렇게 물어볼 수도 있어요. Do you know where the bus stop is?
> 또는 How do(can) I get to the bus stop?

Is there a bus stop around here?
이 근처에 버스 정류장이 있습니까?

Where can I get a ticket?
표는 어디에서 살 수 있나요?

Which bus goes to Britomart train station?
어느 버스가 브리토마트역에 가나요?

What's the fare?

You can take the bus number 17.
17번 버스를 타세요.

When does the bus to Stanley Park come?
스텐리 파크에 가는 버스가 언제 옵니까?

Where can I find a bus to Mission Bay?
미션 베이로 가는 버스를 어디서 찾을 수 있나요?

When is the next bus to Rose Garden?
로즈 가든으로 가는 다음 버스는 언제 있나요?

Please give a ticket to Piha beach.
피하 비치 가는 표 한 장 주세요.

Do you have a student discount?
학생 할인 있나요?
🆃🅸🅿 senior discount 경로우대할인, group discount 단체할인

Can I get a round-trip ticket?
왕복표 살 수 있나요?
🆃🅸🅿 round (trip) ticket 왕복표, one way ticket 편도표

04 Transportation

What time does the bus leave?
버스가 언제 떠나나요?

When is the bus coming?
버스는 언제 오나요?

Are you going to Stanley Park?
스텐리 파크에 가나요?

How many stops to Newlyn?
뉴린까지 몇 정거장인가요?

Where should I get off?
어디에서 내려야 하나요?

I got on the wrong bus.
버스를 잘못 탔네요.

I'll get off at the next stop.
다음 정거장에서 내려요.

> TIP get off 내리다, get on 타다(비행기, 기차, 큰 배, 버스 등)
> get in/get out 자동차나 택시, 트럭 등 안에서 이동이 어려우면

Improving Writing and Speaking Skills
PRACTICE, PRACTICE AGAIN & AGAIN

1. 버스 정류장이 어디 있나요?
   ---

2. 이 근처에 버스 정류장이 있습니까?
   ---

3. 표는 어디에서 살 수 있나요?
   ---

4. 어느 버스가 브리토마트역에 가나요?
   ---

5. 17번 버스를 타세요.
   ---

6. 스텐리 파크에 가는 버스가 언제 옵니까?
   ---

7. 미션 베이로 가는 버스를 어디서 찾을 수 있나요?

8. 로즈 가든으로 가는 다음 버스는 언제 있나요?

---

9. 피하 비치로 가는 표 한 장 주세요.

---

10. 학생 할인 있나요?

---

11. 왕복표 살 수 있나요?

---

12. 버스가 언제 떠나나요?

---

13. 버스요금은 얼마인가요?

---

14. 버스는 언제 오나요?

15. 얼마나 걸리나요?

16. 스텐리 파크에 가나요?

17. 뉴린까지 몇 정거장인가요?

18. 어디에서 내려야 하나요?

19. 여기서 내려요.

20. 버스 잘못 탔네요.

21. 다음 정거장에서 내려요.

Date: _____

교통수단(버스)

bus stop
버스정류장

around here
이 근처에

get a ticket
표를 사다

fare
(교통)요금

take a bus
버스를 타다

a student discount
학생 할인

round-trip ticket
왕복 티켓

get off
내리다

get on
타다

JETSETTER'S 여행영어

Date: _____

교통수단(버스)

 bus stop	 around here	 get a ticket
 fare	 take a bus	 a student discount
 round-trip ticket	 get off	 get on

KEY EXPRESSIONS

Directions: 주어진 문장들 외에 더 많은 문장을 만드는 확장훈련을 해 보세요. 네이버 영어사전의 예문을 통해서 간단하고 본인에게 적합한 최소 다섯 문장을 찾아서 기록하고 말하기 연습을 하세요. 또는 youglish.com에 들어가서 문장도 찾아보고 다양한 사람들의 소리도 들어 보세요. 쉐도잉은 필수입니다.

1 Where can I ~ ?

a. Where can I find a bus to Mission Bay?

b. Where can I buy a ticket?

c. Where can I rent a car?

d. Where can I get some local food?

> TIP 다양한 서비스와 활동의 위치를 물어볼 때, get 사다

2 Where should I ~ ?

a. Where should I get off?

b. Where should I eat dinner tonight?

c. Where should I wait for the bus?

d. Where should I park my car?

> TIP 어떤 결정에 대한 조언이나 추천을 물을 때, wait for ~를(을) 기다리다

JETSETTER'S 여행영어

교통수단 이용하기
(택시/지하철)

Could you take me to Mission Bay?
미션 베이까지 태워 주실래요?

What's the fare to Mission Bay?
미션베이까지 얼마죠?

> **TIP** fare (교통) 요금, 티켓과 같은 교통서비스에 대해 지불
> rate 요금, ~료, ~율 (weekly rate 주당급료, interest rate 대출금리)

Could you please start the meter?
미터기 좀 켜 주실래요?

Is there a faster route?
더 빠른 길이 있나요?

How long does it take to ~?

That depends on the traffic.
교통 상황에 따라서 달라요.
  TIP 교통체증이 심할 때 The traffic is terrible(bad/heavy)

I need to make a quick stop. Is that okay?
잠깐 들를 데가 있는데 괜찮을까요?

Could you please slow down a bit.
속도를 조금 줄여 주시겠어요?

Please drop me off at the next intersection.
다음 교차로에서 내려 주세요.
  TIP drop off 가는 길에 어떤 사람을 데려다 달라거나, 내려 달라는 의미

Do you accept credit cards as payments?
신용카드 받나요?

Which subway line goes to Newlyn?
뉴린으로 가려면 어떤 노선을 타야 하나요?

Where is the nearest subway station?
가까운 지하철역이 어디죠?

It'll be 20 minutes.

How much is the fare to Newlyn?
뉴린까지 얼마죠?

When is the final train?
마지막 열차는 언제예요?

Which platform should I go to?
어느 플랫폼으로 가야 하죠?

Does this train go to Central Park?
이 열차 센트럴 파크로 가나요?

How many stops until Central Park?
센트럴 파크까지 몇 정거장이죠?

Can I transfer to a different line?
다른 노선으로 환승할 수 있나요?

TIP transfer 환승하다, 갈아타다, 전근(전학)가다

Can I cancel my ticket?
내 표를 취소할 수 있나요?

Improving Writing and Speaking Skills
PRACTICE, PRACTICE AGAIN & AGAIN

1. 미션 베이까지 태워 주실래요?

2. 미션 베이까지 얼마죠?

3. 미터기 좀 켜 줄래요?

4. 더 빠른 길로 갈 수 있나요?

5. 그린 베이까지 얼마나 걸리죠?

6. 교통 상황에 따라 달라요.

7. 잠깐 들를 데가 있는데 괜찮을까요?

8. 좀 천천히 갈래요?

9. 다음 교차로에서 내려 주세요.

10. 신용카드 받나요?

11. 뉴린으로 가려면 어떤 노선을 타야 하나요?

12. 가까운 지하철역이 어디죠?

13. 뉴린까지 얼마죠?

14. 막차는 언제 떠나나요?

15. 어느 플랫폼으로 가야 하죠?

16. 이 열차 센트럴 파크로 가나요?

17. 센트럴 파크까지 몇 정거장이죠?

18. 이 역에서 환승할 수 있나요?

19. 이 표를 취소할 수 있나요?

20. 열차와 선로 사이를 조심하세요.

Date: _____

교통수단(택시/지하철)

take
데려다 주다

turn on/off
켜다/끄다

a faster route
보다 빠른 길

depend on
~에 달려있다

make a quick stop
잠깐 멈추다

slow down
~을 늦추다

drop off
~에 내려주다

intersection
교차로

accept
받아주다/수락하다

Date: _____

교통수단(택시/지하철)

take

turn on/off

a faster route

depend on

make a quick stop

slow down

drop off

intersection

accept

Date: _____

교통수단(택시/지하철)

the nearest
가장 가까운

subway station
지하철역

mind/watch
조심하다

the last train
마지막 기차

platform
플랫폼

transfer
환승하다

gap
공백, 틈

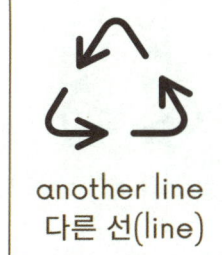
another line
다른 선(line)

cancel
취소하다

Date: _____

교통수단(택시/지하철)

 the nearest	 subway station	 mind/watch
 the last train	 platform	 transfer
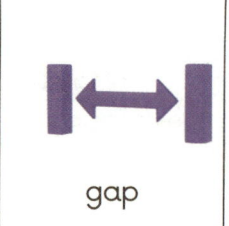 gap	 another line	 cancel

KEY EXPRESSIONS

Directions: 주어진 문장들 외에 더 많은 문장을 만드는 확장훈련을 해 보세요. 네이버 영어사전의 예문을 통해서 간단하고 본인에게 적합한 최소 다섯 문장을 찾아서 기록하고 말하기 연습을 하세요. 또는 youglish.com에 들어가서 문장도 찾아보고 다양한 사람들의 소리도 들어 보세요. 쉐도잉은 필수입니다.

1 Can you take me to ~ ?

a. Can you take me to Mission Bay?

b. Can you take me to the train station?

c. Can you take me to the museum?

d. Can you take me to the city center?

> TIP '~까지 데려다줄 수 있나요?' 어딘가 가려고 할 때 다른 사람에게 도움을 청할 때

2 That depends on ~ ?

a. That depends on the traffic.

b. That depends on the weather?

c. That depends on the price?

d. That depends on your schedule?

> TIP '그건 ~에 달려 있다.' 결과가 다양한 요소에 영향을 받는다는 것을 표현할 때

길 묻고 답하기

Where is the nearest grocery store?
가장 가까운 식료품점은 어디에 있나요?
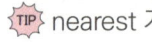 nearest 가장 가까운(=closest)

How do I get to the bank from here?
여기서 은행까지 어떻게 가나요?
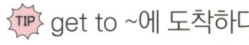 get to ~에 도착하다.

Where is the bus stop?
버스 정류장은 어디에 있나요?

Which way is the post office?
우체국은 어느 쪽으로 가야 하나요?

How do I get to the museum?
박물관은 어떻게 가나요?

Where is the closest pharmacy?
가장 가까운 약국은 어디에 있나요?

How far is the hotel from here?
여기서 호텔까지 얼마나 멀어요?

Can you show me the way to the mall?
쇼핑몰 가는 길 좀 말해 주시겠어요?

Can you tell me how to get to the theater?
극장에 가는 길 좀 말해 주시겠어요?

Can you tell me where the park is?
공원이 어디 있는지 말해 주시겠어요?

Go straight for two blocks, and then turn left.
두 블록까지 직진하고 좌회전하세요.

The shopping mall is on the right.
쇼핑몰은 오른쪽에 있어요.
 on the left 왼쪽에

Get off at the third stop.
세 번째 정류장에서 내리세요.

Turn right at the intersection.
교차로에서 우회전하세요.

Turn left at the traffic light
신호등에서 좌회전하세요.

The post office is right around the corner.
우체국은 모퉁이 돌면 바로 있습니다.
 around the corner 금방이네, 코앞이네, 근처에(가까움을 표현할 때)

Walk straight along the street.
길을 따라 직진하세요.

It's across from the museum.
박물관 건너편에 있어요.

How far is it?

Is it near here?
여기서 가깝나요?

It's not that far.
멀지 않아요.
TIP It's not that 형용사=그다지 ~하지 않다, that은 부사로 그리, 그다지

It's within walking distance.
걸어갈 수 있는 거리다.

It's about a 10-minute walk.
걸어서 10분 정도 거리입니다.

The nearest bus stop is a 5-minute walk away.
가장 가까운 버스정류장은 5분 정도 거리에 있어요.

It's a ten-minute drive from here.
여기서 차로 10분 거리야.

It's only a few blocks away.
단지 몇 블록 떨어져 있어요.

Improving Writing and Speaking Skills
PRACTICE, PRACTICE AGAIN & AGAIN

1. 가장 가까운 식료품점은 어디에 있나요?
   ----

2. 여기서 은행까지 어떻게 가나요?
   ----

3. 버스 정류장은 어디에 있나요?
   ----

4. 우체국은 어느 쪽으로 가야 하나요?
   ----

5. 박물관은 어떻게 가나요?
   ----

6. 가장 가까운 약국은 어디에 있나요?
   ----

7. 여기서 호텔까지 얼마나 멀어요?
   ----

8. 쇼핑몰 가는 길 좀 말해 주시겠어요?

9. 공원이 어디 있는지 말해 주시겠어요?

10. 두 블록까지 직진하고 좌회전하세요.

11. 쇼핑몰은 오른쪽에 있어요.

12. 세 번째 정류장에서 내리세요.

13. 교차로에서 우회전하세요.

14. 신호등에서 좌회전하세요.

15. 우체국은 모퉁이 돌면 바로 있습니다.

16. 길을 따라 직진하세요.

How far is it?

17. 박물관 건너편에 있어요.

18. 여기서 가깝나요?

19. 멀지 않아요.

20. 걸어갈 수 있는 거리다.

21. 걸어서 10분 정도 거리입니다.

22. 가장 가까운 버스정류장은 5분 정도 거리에 있어요.

23. 여기서 차로 10분 거리야.

24. 몇 블록 떨어져 있어요?

Date: _____

길 묻고 답하기

grocery store
식품점, 슈퍼마켓

get to the bank
은행에 도착하다

be located
~에 위치하다

which way
어느 방향

pharmacy
약국

movie theater
극장

go straight
직진하다

on the right
오른쪽에

at the third stop
세번째 정류장에서

Date: _____

길 묻고 답하기

grocery store

get to the bank

be located

which way

pharmacy

movie theater

go straight

on the right

at the third stop

JETSETTER'S 여행영어

길 묻고 답하기

traffic light
신호등

around the corner
모퉁이에

along the street
길을 따라서

across from
건너편에

is not that far
그다지 멀지 않다

walking distance
도보 거리

a ten-minute walk
걸어서 10분 거리

a ten-minute drive
차로 10분 거리

a few blocks away
몇 블럭 떨어진 곳에

Date: _____

길 묻고 답하기

traffic light

around the corner

along the street

across from

is not that far

walking distance

a ten-minute walk

a ten-minute drive

a few blocks away

JETSETTER'S 여행영어

KEY EXPRESSIONS

Directions: 주어진 문장들 외에 더 많은 문장을 만드는 확장훈련을 해 보세요. 네이버 영어사전의 예문을 통해서 간단하고 본인에게 적합한 최소 다섯 문장을 찾아서 기록하고 말하기 연습을 하세요. 또는 youglish.com에 들어가서 문장도 찾아보고 다양한 사람들의 소리도 들어 보세요. 쉐도잉은 필수입니다.

1 How do I get to ~ ?

   a. How do I get to the museum?

   b. How do I get to the library?

   c. How do I get to the grocery store?

   d. How do I get to the airport?

   TIP '어떻게 ~에 가나요?' 어떤 장소로 가는 방법을 물을 때

2 It's not that 형용사.

   a. It's not that far.

   b. It's not that cold outside today.

   c. It's not that difficult to learn.

   d. It's not that late.

   TIP '그다지 ~하지 않다'라고 표현할 때

04 Transportation

렌터카 이용하기

Can I see a list of available cars?
차 목록을 볼 수 있을까요?
> TIP available 이용할 수 있는, 구할 수 있는

I want to rent a car for 6 days.
6일간 차를 빌리고 싶어요.
> TIP I'd like a small sedan for 6 days. 차량의 크기로 물어보고 싶을 때
> Do you have that in a compact/mini/SUV size?

How much does it cost per day?
하루에 얼마예요?
> TIP The daily cost(rate) for this car is $50.

Can I get some discount?
할인 좀 받을 수 있나요?

There's a $100 refundable deposit.

Where can I return this car?
차를 어디에 반납하면 되나요?
TIP return 대신 drop off를 사용하여 You can drop off the car over there.

Do I need car insurance?
보험이 필요한가요?

What's the daily insurance cost?
하루 보험료는 얼마인가요?
TIP one-day car insurance 하루 자동차 보험

How do I use this car?
차를 어떻게 운전하나요?

When is the return time?
언제 반납해야 하나요?

Can I return the car to a different place?
차를 다른 장소에 반납할 수 있을까요?
TIP to another location 다른 장소로

Where is the nearest gas station?
가장 가까운 주유소는 어디에 있나요?

Can I get a map or directions?
지도나 길 안내를 받을 수 있을까요?

What is a car rental contract?
렌터카 계약은 어떻게 되나요?

I don't think the air conditioner is working.
에어컨 작동이 안 되는 것 같아요.

I think the battery is dead.
배터리가 나간 것 같아요.

TIP The battery seems to drain so fast. 배터리가 너무 빨리 닳는다.

Is there a mileage limit on rental cars?
렌터카에 주행 거리 제한이 있나요?

What should I do in case of an accident or breakdown?
사고나 고장 시 어떻게 해야 하나요?

I didn't know the speed limit.
제한 속도를 몰랐어요.

Improving Writing and Speaking Skills
PRACTICE, PRACTICE AGAIN & AGAIN

1. 차 목록을 보고 싶어요.

2. 6일간 차를 빌리고 싶어요.

3. 하루에 얼마예요?

4. 할인 좀 받을 수 있나요?

5. 차를 어디에 반납하면 되나요?

6. 보험이 필요한가요?

7. 하루 보험료는 얼마인가요?

8. 언제 반납해야 하나요?

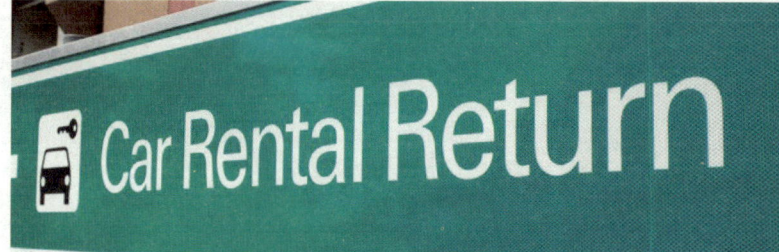

9. 차를 다른 장소에 반납할 수 있을까요?

10. 가장 가까운 주유소는 어디에 있나요?

11. 지도나 길 안내를 받을 수 있을까요?

12. 에어컨 작동이 안 되는 것 같아요.

13. 배터리가 나간 것 같아요.

14. 렌터카에 주행 거리 제한이 있나요?

15. 사고나 고장 시 어떻게 해야 하나요?

16. 속도 제한을 몰랐어요.

렌터카 이용하기

rant a car
차 한대를 빌리다

per day
하루에

get some discount
할인을 받다

return the car
차를 반납하다

insurance
보험

operate the car
차를 운전하다

another location
다른 장소

gas station
주유소

get directions
길안내를 받다

렌터카 이용하기

rant a car

per day

get some discount

return the car

insurance

operate the car

another location

gas station

get directions

Date: _____

렌터카 이용하기

the terms of
~의 조항/약관

contract
계약

is working
~이 작동하다

battery is dead
배터리가 나가다

mileage limit
주행거리 제한

speed limit
속도 제한

in case of ~
~의 경우에

accident
사고

breakdown
고장

Date: _____

렌터카 이용하기

the terms of

contract

is working

battery is dead

mileage limit

speed limit

in case of ~

accident

breakdown

JETSETTER'S 여행영어

KEY EXPRESSIONS

Directions: 주어진 문장들 외에 더 많은 문장을 만드는 확장훈련을 해 보세요. 네이버 영어사전의 예문을 통해서 간단하고 본인에게 적합한 최소 다섯 문장을 찾아서 기록하고 말하기 연습을 하세요. 또는 youglish.com에 들어가서 문장도 찾아보고 다양한 사람들의 소리도 들어 보세요. 쉐도잉은 필수입니다.

1   I don't think ~ ?

a. I don't think the AC is working.

b. I don't think she likes coffee.

c. I don't think it will rain today.

d. I don't think he knows the answer.

> **TIP** 뒤 문장을 '~할 것 같지 않다'라고 부정할 때, AC(Air Conditioner) 에어컨

2   I didn't know ~ .

a. I didn't know the answer.

b. I didn't know the way to the party.

c. I didn't know the date of the event.

d. I didn't know the time of the meeting.

> **TIP** '나는 ~을 몰랐어요'라고, 어떤 정보를 과거에 몰랐을 때, the event day도 좋지만 informal, less formal하다

04 Transportation

05

Good food is the foundation of genuine happiness.
- Auguste Escoffier
좋은 음식은 진정한 행복의 기본입니다.

Ordering Food

식당 예약하기

Let's eat out.
외식하자.

How may I help you today?
오늘 어떻게 도와드릴까요?

I'd like to make a reservation for tonight.
오늘 밤 예약을 하고 싶습니다.

> **TIP** make a reservation 예약하다/reserve(book) a room 방을 예약하다
> reservation은 단독으로 쓰이나, reserve나 book 등은 뒤에 a room/a hotel처럼 넣어 주어야 한다.

Unfortunately, we're fully booked.
아쉽게도, 예약이 꽉 찼어요.

How many in your party?
몇 분이신가요?

May I have your name?
성함 말씀해 주시겠어요?

Could you spell your last name, please?
당신의 성 철자를 말씀해 주세요.

Can I get an outdoor table?
야외 자리에 앉을 수 있을까요?
 outdoor(형) 야외의, outdoors(부) 야외에서

I'd like to sit by the window.
창가 쪽에 앉고 싶어요.

What time would you like to visit?
몇 시에 방문 예정이신가요?

Anything else I can do for you?
더 도와드릴 것이 있을까요?

Improving Writing and Speaking Skills
PRACTICE, PRACTICE AGAIN & AGAIN

1. 오늘 어떻게 도와드릴까요?

2. 오늘 밤 예약을 하고 싶습니다.

3. 아쉽게도, 예약이 꽉 찼어요.

4. 몇 분이신가요?

5. 성함 말씀해 주시겠어요?

6. 당신의 성 철자가 어떻게 되지요?

7. 야외 자리에 앉을 수 있을까요?

8. 몇 시에 방문 예정이신가요?

Date: _____

식당 예약하기

eat out
외식하다

make a reservation
예약하다

is fully booked
예약이 끝나다

in your party
일행

get a table
자리를 잡다

by the window
창가에

spell
철자를 말하다

what time~?
몇시냐?

anything else
그밖에 또 무엇인가

Date: _____

식당 예약하기

eat out

make a reservation

is fully booked

in your party

get a table

by the window

spell

What time?
what time~?

anything else

KEY EXPRESSIONS

Directions: 주어진 문장들 외에 더 많은 문장을 만드는 확장훈련을 해 보세요. 네이버 영어사전의 예문을 통해서 간단하고 본인에게 적합한 최소 다섯 문장을 찾아서 기록하고 말하기 연습을 하세요. 또는 youglish.com에 들어가서 문장도 찾아보고 다양한 사람들의 소리도 들어 보세요. 쉐도잉은 필수입니다.

1 Let's ~ .

a. Let's eat out.

b. Let's go to the park.

c. Let's have lunch together.

d. Let's watch a movie tonight.

TIP '~하자'라는 표현을 사용해 제안할 때

2 What time would you like to ~ ?

a. What time would you like to visit the museum?

b. What time would you like to have lunch?

c. What time would you like to go shopping?

d. What time would you like to start the meeting?

TIP 다양한 활동의 시간을 물을 때

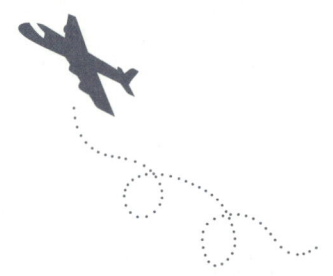

음식 주문하기

Can you take my order?
주문 받으시겠어요?

I'm still thinking.
아직 결정하지 못했어요.

Just a minute, please.
조금만 기다려 주세요.

Do you have any recommendations?
추천해 주실 음식이 있나요?

🏷️ **TIP** recommendation 추천, 권고/ a recommendation letter 추천장

What's the most popular dish here?
어떤 음식이 제일 유명해요?

For the main dish, I'll have the salmon salad.
메인 요리로 연어 샐러드를 할게요.

For an appetizer, I'll have the mozzarella sticks.
애피타이저로 모차렐라스틱을 먹을게요.

As dessert, I'll have the ice cream.
디저트로 아이스크림을 할게요.

I'll have the same dish, please.
같은 거로 원해요.

Please get me some w ater.
물 좀 주세요.

No onion in the soup.
수프에서 양파는 빼 주세요.

> TIP without (재료) ~은 빼고/ Can you make it without sugar?
> no ice, please 얼음은 빼고요/ hold the tomato 토마토 빼고 주세요

Improving Writing and Speaking Skills
PRACTICE, PRACTICE AGAIN & AGAIN

1. 주문 받으시겠어요?

2. 아직 결정하지 못했어요.

3. 추천해 주실 음식이 있나요?

4. 어떤 음식이 제일 유명해요?

5. 메인 요리로 연어 샐러드를 할게요.

6. 애피타이저로 모차렐라스틱을 먹을게요.

7. 디저트로 아이스크림을 할게요.

8. 같은 거로 원해요.

9. 수프에서 양파는 빼 주세요. (hold/without~)

Date: _____

음식 주문하기

take my order
내 주문을 받다

haven't decided
결정을 못하다

recommendation
추천

the most popular
가장 인기있는

for the main dish
메인요리로

for appetizer
식욕을 돋우기 위해서

for dessert
후식으로

hold A from B
B로 부터 A를 빼다

the same dish
똑같은 음식(요리)

음식 주문하기

take my order

haven't decided

recommendation

the most popular

for the main dish

for appetizer

for dessert

hold A from B

the same dish

KEY EXPRESSIONS

Directions: 주어진 문장들 외에 더 많은 문장을 만드는 확장훈련을 해 보세요. 네이버 영어사전의 예문을 통해서 간단하고 본인에게 적합한 최소 다섯 문장을 찾아서 기록하고 말하기 연습을 하세요. 또는 youglish.com에 들어가서 문장도 찾아보고 다양한 사람들의 소리도 들어 보세요. 쉐도잉은 필수입니다.

1 I'll have ~ .

a. I'll have the salmon salad.

b. I'll have a burger, please.

c. I'll have a coffee, thanks.

d. I'll have the chicken sandwich.

TIP '나는 ~을 먹을게, ~을 주문할게' 음식을 주문할 때

2 How long will it ~ ?

a. How long will it take?

b. How long will it take to get there?

c. How long will it stay open?
얼마나 오래 열려 있나요?

d. How long will it be until the movie starts?

TIP 얼마나 오래 ~할까요? 시간의 길이를 물을 때

127

05 Ordering Food

불평·추가 요청하기

What happened to my order?
제 주문이 어떻게 된 거죠?

This is not what I ordered.
제가 주문한 게 아닙니다.

Can I change my order?
주문을 바꿔도 되나요?

Let me change it for you.
바꿔 드리겠습니다.

TIP Let me ~. 내가 ~ 해 줄게/ Let me do it for you. 내가 해 줄게.

It's too spicy.
너무 매워요.

Can I get some wet tissues?
물티슈 좀 주실래요?

Can I get a new one?
새로 갖다주실래요?

Can I get a to-go box, please?
포장해 갈 박스 하나 주실래요?
TIP to-go box 테이크아웃용 용기

Can you wrap this up?
이거 좀 싸 주시겠어요.

What would you like for dessert?
디저트는 뭐로 하시겠어요?

What do you have for dessert?
디저트는 무엇이 있나요?

I'll have some ice cream.
나는 아이스크림 좀 먹을게요.

Improving Writing and Speaking Skills
PRACTICE, PRACTICE AGAIN & AGAIN

1. 제 주문이 어떻게 된 거죠?

2. 제가 주문한 게 아닙니다.

3. 주문을 바꿔도 되나요?

4. 바꿔 드리겠습니다.

5. 물티슈 좀 주실래요?

6. 새로 갖다주실래요?

7. 포장해 갈 박스 하나 주실래요?

8. 이거 좀 싸 주시겠어요?

9. 디저트는 뭐로 하시겠어요?

불평·추가 요청하기

what happen to~
어떻게 된 일이야?

order
주문/주문하다

this is not ~
~가 아니다

too spicy
너무 매운

wet tissues
물티슈

a to-go box
포장해 갈 박스

wrap up
포장하다

for dessert
후식으로

I'll have ~
~을 먹을께요

05 Ordering Food

Date: _____

불평·추가 요청하기

what happen to~

order

this is not ~

too spicy

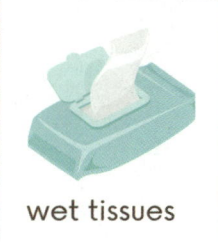
wet tissues

a to-go box

wrap up

for dessert

I'll have ~

KEY EXPRESSIONS

Directions: 주어진 문장들 외에 더 많은 문장을 만드는 확장훈련을 해 보세요. 네이버 영어사전의 예문을 통해서 간단하고 본인에게 적합한 최소 다섯 문장을 찾아서 기록하고 말하기 연습을 하세요. 또는 youglish.com에 들어가서 문장도 찾아보고 다양한 사람들의 소리도 들어 보세요. 쉐도잉은 필수입니다.

1 What happened to ~ ?

a. What happened to my order?

b. What happened to your umbrella?

c. What happened to the old building?

d. What happened to your plans for the weekend?

TIP ~에 어떤/무슨 일이 일어났나요? or ~가 어떻게 되었나요?

2 This is not what ~ .

a. This is not what I ordered.

b. This is not what I said.

c. This is not what the map shows.

d. This is not what I expected.

TIP '이게 ~것과 달라요' 상황을 설명할 때 what은 관계대명사로 '~것'으로 해석하면 된다.

05 Ordering Food 133

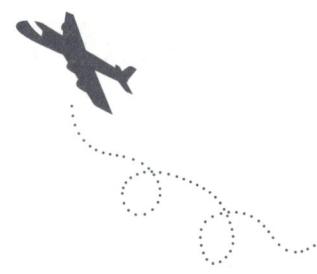

계산하기

How was your dinner?
저녁 식사는 어떠셨어요?

Check, please.
계산서 주세요.
🅣🅘🅟 You should not say. This is pretty rude. 이 표현은 무례하게 들려요.

Can I get the check?
계산서 좀 주시겠어요?
🅣🅘🅟 This is much more polite. 이 표현이 훨씬 더 정중한 표현입니다.

What's the total (amount)?
다 합해서 얼마인가요?

How much is it per individual?
1인당 얼마인가요?

Your total comes to $60.
모두 60달러입니다.

Separate (bills), please.
각자 계산할게요.
 Let's split the bill. 나누어서 내다

Can I have the receipt?
영수증 주시겠어요?

I have a discount coupon.
저 할인 쿠폰 가지고 있어요.

There is a mistake on the bill.
계산서에 오류가 있네요.

Is service charge included?
서비스 요금이 포함되어 있나요?

Is prepayment required?
미리 계산해야 하나요?

Improving Writing and Speaking Skills
PRACTICE, PRACTICE AGAIN & AGAIN

1. 저녁 식사는 어떠셨어요?

2. 계산서 좀 주세요.

3. 다 합해서 얼마인가요?

4. 모두 60$입니다.

5. 각자 계산할게요.

6. 영수증 좀 주시겠어요?

7. 계산서에 오류가 있네요.

8. 서비스 요금이 포함되어 있나요?

9. 미리 계산해야 하나요?

Date: _____

계산하기

How was ~ ?
~가 어땠느냐?

check
계산서

in total
전부해서

per person
1인당

comes to $60
60달러가 되다

separate checks
각자 계산하다

on the bill
계산서에

is included
~이 포함되다

in advance
미리

Date: _____

계산하기

How was ~ ?

check

in total

per person

comes to $60

separate bills

on the bill

is included

in advance

JETSETTER'S 여행영어

KEY EXPRESSIONS

Directions: 주어진 문장들 외에 더 많은 문장을 만드는 확장훈련을 해 보세요. 네이버 영어사전의 예문을 통해서 간단하고 본인에게 적합한 최소 다섯 문장을 찾아서 기록하고 말하기 연습을 하세요. 또는 youglish.com에 들어가서 문장도 찾아보고 다양한 사람들의 소리도 들어 보세요. 쉐도잉은 필수입니다.

1 Is ~ included?

a. Is service charge included?

b. Is breakfast included?

c. Is dessert included with the meal?

d. Is airport shuttle service included?

> TIP '~이 포함되어 있나요?' 어떤 내용이 포함되어 있는지 물을 때
> service charge 서비스 비용 또는 봉사료

2 Is ~ required?

a. Is prepayment required?

b. Is a reservation required?

c. Is a visa required for this country?

d. Is an ID required to enter the club?

> TIP '~가(이) 필요한가요?' 어떤 조건이 필요한지 물을 때

05 Ordering Food

06

Travel is the best teacher. - Unknown
여행은 최고의 스승이다.

관광지 정보

Where is the tourist information center?
관광 안내소는 어디에 있나요?

Do you have a tourist map?
관광지도 있나요?

Can I get some information, please?
정보 좀 얻을 수 있을까요?

Where is the best place to visit?
가장 가 볼 만한 곳이 어딘가요?
 the best place = the top place

Do you have any recommendations?
추천하실 만한 곳이 있나요?

How do I get there?
그곳에 어떻게 가나요?

Can you give us some directions?
길 좀 알려 주실래요?

Where can I go for a day trip?
당일치기 관광할 수 있는 곳이 어디인가요?

Which package tours do you offer?
어떤 패키지 투어를 제공하나요?

Do you offer any city tours?
시내 투어를 제공하나요?

Can I get there on foot?
걸어서 갈 수 있나요?

Improving Writing and Speaking Skills
PRACTICE, PRACTICE AGAIN & AGAIN

1. 관광안내소는 어디에 있나요?
   ----

2. 관광지도 있나요?
   ----

3. 정보 좀 얻을 수 있을까요?
   ----

4. 가장 가 볼 만한 곳이 어딘가요?
   ----

5. 추천하실 만한 곳이 있나요?
   ----

6. 길 좀 알려 주실래요?
   ----

7. 당일치기 관광할 수 있는 곳이 어디인가요?
   ----

8. 어떤 패키지 투어를 제공하나요?
   ----

9. 시내 투어를 제공하나요?

Date: _____

관광지 정보

 **information center** 안내소	 **tourist map** 관광지도	 **the place to visit** 방문 장소
 **recommendation** 추천	 **direction** 길/방향	 **a day trip** 당일치기 관광
 **package tours** 패키지 투어	 **city tours** 시내 투어	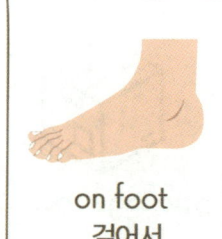 **on foot** 걸어서

Date: _____

관광지 정보

information center

tourist map

the place to visit

recommendation

direction

a day trip

package tours

city tours

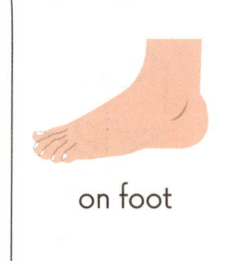
on foot

KEY EXPRESSIONS

Directions: 주어진 문장들 외에 더 많은 문장을 만드는 확장훈련을 해 보세요. 네이버 영어사전의 예문을 통해서 간단하고 본인에게 적합한 최소 다섯 문장을 찾아서 기록하고 말하기 연습을 하세요. 또는 youglish.com에 들어가서 문장도 찾아보고 다양한 사람들의 소리도 들어 보세요. 쉐도잉은 필수입니다.

1 Can you give me ~ ?

a. Can you give me some directions?

b. Can you give me a pen?

c. Can you give me your phone number?

d. Can you give me some advice about studying?

> **TIP** '저에게 ~ 좀 줄 수 있나요?' 부탁을 할 때

2 Do you offer ~ ?

a. Do you offer any city tours?

b. Do you offer student discounts?

c. Do you offer vegetarian options?

d. Do you offer delivery service?

> **TIP** '~을 제공하나요?' 어떤 서비스나 옵션이 제공되는지 물을 때
> vegetarian options 채식주의자를 위한 메뉴

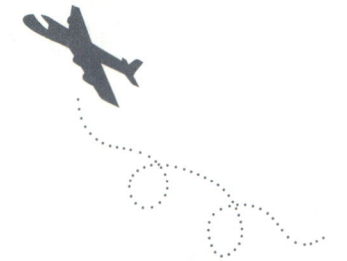

티켓 구매하기

Where is the box office?
매표소가 어디입니까?

What's the price of admission?
입장료는 얼마입니까?
> TIP admission fee(price, charge)/entrance fee 입장료

Students can get a 10% discount.
학생은 10% 할인됩니다.

How much is one ticket?
티켓 한 장에 얼마나 하나요?

Where is the entrance?
입구는 어디입니까?

What is this line for?
이게 무슨 줄인가요?

Please line up here.
여기서 줄 서 주세요.

Children under 5 enter free.
5세 이하 유아는 무료입니다.

Please don't cut in line.
새치기하지 마세요.

Is there a group discount?
단체 할인이 됩니까?

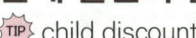 child discount 아동 할인, senior discount 노인 할인

When does the movie start?
영화는 몇 시에 시작하나요?

I'm afraid this is my seat.
죄송하지만, 여기는 제 자리입니다.

Improving Writing and Speaking Skills
PRACTICE, PRACTICE AGAIN & AGAIN

1. 매표소가 어디입니까?

2. 입장료는 얼마입니까?

3. 학생은 10% 할인됩니다.

4. 티켓 한 장에 얼마나 하나요?

5. 입구는 어디입니까?

6. 이게 무슨 줄인가요?

7. 여기서 줄 서 주세요.

8. 5세 이하 유아는 무료입니다.

9. 새치기하지 마세요.

Date: _____

티켓 구매하기

box office
매표소

admission
입장료

10% discount
10% 할인

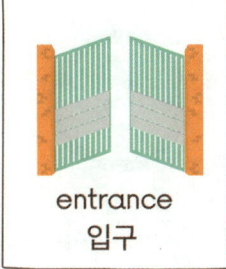
entrance
입구

line up
줄서다

under 5
5세 이하

cut in line
새치기 하다

group discount
단체 할인

I'm afraid
죄송하지만

Date: _____

티켓 구매하기

box office

admission

10% discount

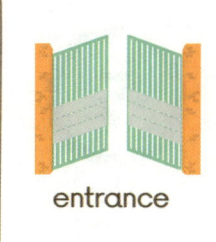
entrance

line up

under 5
5세 이하

cut in line

group discount

I'm afraid

KEY EXPRESSIONS

Directions: 주어진 문장들 외에 더 많은 문장을 만드는 확장훈련을 해 보세요. 네이버 영어사전의 예문을 통해서 간단하고 본인에게 적합한 최소 다섯 문장을 찾아서 기록하고 말하기 연습을 하세요. 또는 youglish.com에 들어가서 문장도 찾아보고 다양한 사람들의 소리도 들어 보세요. 쉐도잉은 필수입니다.

1 What is ~ for?

a. What is this line for?

b. What is this tool for?

c. What is this button for?

d. What is this medicine for?

> TIP '이것은 무엇을 위한 건가요?' 어떤 것의 용도에 관해 물을 때

2 I'm afraid ~ ?

a. I'm afraid this is my seat.

b. I'm afraid I can't go to the party on Saturday.

c. I'm afraid I don't know the answer to that question?

d. I'm afraid I made a mistake in my calculations.
제가 계산에서 실수한 것 같습니다.

> TIP '유감이지만 ~' 어떤 제안이나 요청에 응할 수 없을 때

06 Sightseeing

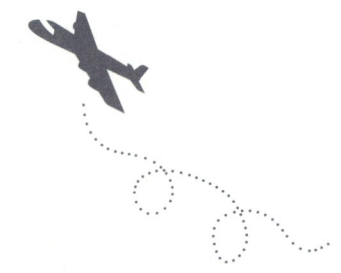

사진 촬영

Let's take a picture together.
우리 함께 사진 찍어요.
 take a picture(photo) 사진을 찍다

Can you take a picture of me?
사진을 찍어 주실 수 있나요?

Can you take one more shot?
한 장 더 찍어 주실 수 있나요?

Can you come closer to me?
조금 더 가까이 와 주실 수 있나요?

Is it okay to take pictures here?
여기에서 사진을 찍어도 될까요?

Can I take a picture with you?
당신과 같이 사진 좀 찍어도 될까요?

Please focus on my face.
제 얼굴에 초점을 맞춰 주세요.

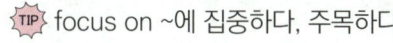 focus on ~에 집중하다, 주목하다

Move a little to the left.
왼쪽으로 조금 가세요.

Could you take a step back, please?
한 걸음 뒤로 가세요.

Can you take a picture of that background?
저 배경 사진이 나오게 찍어 주시겠어요?

I'll count to three and press it.
세 번 세고 누르겠습니다.

Just press this circle.
이 동그라미만 누르면 됩니다.

Improving Writing and Speaking Skills
PRACTICE, PRACTICE AGAIN & AGAIN

1. 우리 함께 사진 찍어요.

2. 사진을 찍어 주실 수 있나요?

3. 조금 더 가까이 와 주실 수 있나요?

4. 여기에서 사진을 찍어도 될까요?

5. 당신과 같이 사진 좀 찍어도 될까요?

6. 제 얼굴에 초점을 맞춰 주세요.

7. 왼쪽으로 조금 가세요.

8. 한 걸음 뒤로 가세요.

9. 저 배경이 나오게 찍어 주시겠어요?

사진 촬영

take a picture
사진찍다

one more shot
한 장 더

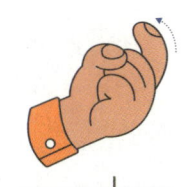
come closer
좀 더 가까이 오다

focus on ~
~에 집중하다

move a little
조금 움직이다

to the left
왼쪽으로

go back one step
한걸음 뒤로

that background
저 배경

count to three
셋까지 세다

Date: _____

사진 촬영

take a picture

one more shot

come closer

focus on ~

move a little

to the left

go back one step

that background

count to three

158

JETSETTER's 여행영어

KEY EXPRESSIONS

Directions: 주어진 문장들 외에 더 많은 문장을 만드는 확장훈련을 해 보세요. 네이버 영어사전의 예문을 통해서 간단하고 본인에게 적합한 최소 다섯 문장을 찾아서 기록하고 말하기 연습을 하세요. 또는 youglish.com에 들어가서 문장도 찾아보고 다양한 사람들의 소리도 들어 보세요. 쉐도잉은 필수입니다.

1 Is it okay to ~ ?

a. Is it okay to take pictures here?

b. Is it okay to use your phone here?

c. Is it okay to leave early from the meeting?

d. Is it okay to bring a friend to the party?

TIP '~해도 괜찮을까요?' 어떤 행동이 허용되는지 물을 때

2 Please focus on ~ .

a. Please focus on my face.

b. Please focus on the details.

c. Please focus on the main points.

d. Please focus on your safety.

TIP '~에 집중해 주세요.' 특정한 것에 집중해 달라고 부탁할 때
the details 세부 사항/ main points 중요한 점, 요점/ safety 안전

쇼핑하기

Are you looking for anything special?
특별한 거 찾고 있으세요?
TIP -thing, -one, -body으로 끝나는 명사 + 형용사

Some special chocolate for a gift.
선물로 살 초콜릿 찾고 있어요.

Can I try this on?
입어 봐도 될까요?
TIP try on 한번 입어 보다/ dress up 격식을 차려 입다

Can I have a fitting(changing) room?
옷 갈아입을 곳이 있을까요?

What size would you like?

Can you give me a discount?
할인 좀 해 주실 수 있을까요?

Do you have this in a different size?
이거 다른 사이즈 있어요?

What color would you like?
무슨 색을 원하세요?

Can I get a receipt, please?
영수증 주시겠어요?

Could you wrap this (up) for a present?
선물을 포장해 주시겠어요?

I'd like to return this bag.
이 가방을 환불하고 싶어요.
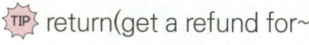 return(get a refund for~)

I just changed my mind.
그냥 마음이 바뀌었어요.

Improving Writing and Speaking Skills
PRACTICE, PRACTICE AGAIN & AGAIN

1. 특별한 거 찾고 있으세요?

2. 선물로 살 초콜릿 찾고 있어요.

3. 입어 봐도 될까요?

4. 옷 갈아입을 곳이 있을까요?

5. 할인 좀 해 주실 수 있을까요?

6. 이거 다른 사이즈 있어요?

7. 무슨 색을 원하세요?

8. 선물을 포장해 주시겠어요?

9. 마음이 바뀌었어요.

Date: _____

쇼핑하기

looking for
~을 찾다

as a gift
선물로

try on
입어 보다

dressing room
탈의실

different size
다른 사이즈

wrap
포장하다

return
환불받다

get a refund for
환불받다

just changed
바뀌었다

Date: _____

쇼핑하기

looking for

as a gift

try on

dressing room

different size

wrap

return

get a refund for

just changed

KEY EXPRESSIONS

Directions: 주어진 문장들 외에 더 많은 문장을 만드는 확장훈련을 해 보세요. 네이버 영어사전의 예문을 통해서 간단하고 본인에게 적합한 최소 다섯 문장을 찾아서 기록하고 말하기 연습을 하세요. 또는 youglish.com에 들어가서 문장도 찾아보고 다양한 사람들의 소리도 들어 보세요. 쉐도잉은 필수입니다.

1 I'm looking for ~ .

a. I'm looking for anything special.

b. I'm looking for a quiet place to study.

c. I'm looking for my keys.

d. I'm looking for a job in the marketing field.

TIP '~을 찾고 있어요.' 무엇인가를 찾고 있을 때, in the marketing field 마케팅 분야에서

2 Can I try ~ ?

a. Can I try this on?

b. Can I try a sample of that perfume?

c. Can I try solving this math problem?

d. Can I try playing that game?

TIP '~해 볼 수 있을까요?' 어떤 행동을 시도하고자 할 때

07

The gladdest moment in human life is
a departure into unknown lands.
- Richard Burton
인생에서 가장 기쁜 순간은 미지의 세계로 떠나는 것이다.

Arrival

입국 심사

Can I see your passport?
여권 좀 주세요.

I'm here for immigration purposes.
저는 이민 목적으로 여기에 왔습니다.

I'm here for traveling.
나는 여행하러 여기 왔어요.

How long will you be staying?
얼마 동안 머무르실 겁니까?

 How long will you be ~ing? 얼마 동안 ~ 할 거예요?

I've come to study at Green Bay School.
Green Bay 학교에서 공부하러 왔습니다.

I have only personal belongings.
개인 소지품만 가지고 있습니다.

I'm traveling with my family.
가족과 함께 여행 중입니다.

I'm staying for 2 weeks.
2주 동안 머물 예정입니다.

I'm a student studying abroad.
저는 유학 중인 학생입니다.

I have a job offer here.
여기에서 구인 제안이 있습니다.

I'm attending a conference.
저는 회의에 참석할 겁니다.

I'll be staying with my relatives.
나는 친척과 함께 지낼 것입니다.

TIP a close/distant relative 가까운/먼 친척

Improving Writing and Speaking Skills
PRACTICE, PRACTICE AGAIN & AGAIN

1. 여권 좀 주세요.

2. 나는 여행하러 여기 왔어요.

3. 얼마나 머무르실 겁니까?

4. Green Bay 학교에서 공부하러 왔습니다.

5. 개인 소지품만 가지고 다닙니다.

6. 2주 동안 머물 예정입니다.

---

7. 저는 유학 중인 학생입니다.

---

8. 여기에서 구인 제안이 있습니다.

---

9. 저는 회의에 참석할 겁니다.

입국 심사

I'm here to/for
~하러 여기왔다

immigration
이민

purpose
목적

personal belongings
개인 소지품

I'll be staying
~에 머물것이다.

studying abroad
유학중인

job offer
구인 제안

be attending
참석할 것이다

conference
회의/학회

입국 심사

I'm here to/for	immigration 	purpose 
personal belongings 	I'll be staying 	studying abroad 
job offer 	be attending 	conference 

KEY EXPRESSIONS

Directions: 주어진 문장들 외에 더 많은 문장을 만드는 확장훈련을 해 보세요. 네이버 영어사전의 예문을 통해서 간단하고 본인에게 적합한 최소 다섯 문장을 찾아서 기록하고 말하기 연습을 하세요. 또는 youglish.com에 들어가서 문장도 찾아보고 다양한 사람들의 소리도 들어 보세요. 쉐도잉은 필수입니다.

1 I'm here for ~ .

    a. I'm here for traveling.

    b. I'm here for the job interview.

    c. I'm here for the concert.

    d. I'm here for a business conference.

    TIP '~하러 여기 왔어요.' 어떤 목적으로 어딘가에 왔다는 사실을 말할 때, business conference 사업 회의

2 I'll be staying with ~ .

    a. I'll be staying with my relatives.

    b. I'll be staying with my friend during my trip.

    c. I'll be staying my aunt for a few days.

    d. I'll be staying with my sister.

    TIP '~와 함께 지낼 거예요.' 누군가와 함께 어딘가에 머물 것임을 표현할 때

JETSETTER'S 여행영어

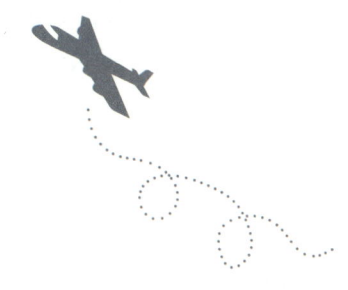

세관 신고

I have some items to declare.
신고할 물품이 있습니다.
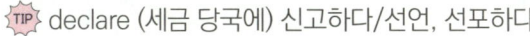 declare (세금 당국에) 신고하다/선언, 선포하다

Do I need to declare this?
이것을 신고해야 하나요?

I have receipts for my purchases.
구매 영수증이 있습니다.

May I inspect(check) your bag?
가방을 확인해도 될까요?

I have medical papers.
의료 문서가 있습니다.

I didn't buy it this time.
이번에 산 게 아니에요.

I want to declare a bag.
가방을 신고하고 싶어요.

I have food items in my baggage.
수하물에 식품이 있습니다.

I have nothing to declare.
신고할 사항이 없습니다.

How much is the fine?
벌금이 얼마예요?

How much is the tax?
세금은 얼마예요?

> TIP What's the tax?

Thank you for your assistance.
도움을 주셔서 감사합니다.

Improving Writing and Speaking Skills
PRACTICE, PRACTICE AGAIN & AGAIN

1. 신고할 물품이 있습니다.
------

2. 이것을 신고해야 하나요?
------

3. 구매 영수증이 있습니다.
------

4. 가방을 확인해도 될까요?
------

5. 이번에 산 게 아니에요.
------

6. 가방을 신고하고 싶어요.
------

7. 수하물에 식품이 있습니다.
------

8. 신고할 사항이 없습니다.
------

9. 벌금이 얼마예요?

Date: _____

세관 신고

items to declare 신고할 물품	purchase 구매	medical documents 의료 문서
this time 이번에	food items 식품	in my baggage 수하물에
nothing to declare 신고사항 없음	fine 벌금	assistance 도움

Date: _____

 세관 신고

items to declare

purchase

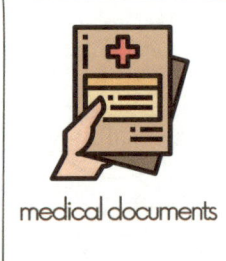
medical documents

this time

food items

in my baggage

nothing to declare

fine

assistance

KEY EXPRESSIONS

Directions: 주어진 문장들 외에 더 많은 문장을 만드는 확장훈련을 해 보세요. 네이버 영어사전의 예문을 통해서 간단하고 본인에게 적합한 최소 다섯 문장을 찾아서 기록하고 말하기 연습을 하세요. 또는 youglish.com에 들어가서 문장도 찾아보고 다양한 사람들의 소리도 들어 보세요. 쉐도잉은 필수입니다.

1   I want to ~ .

a. I want to declare a bag.

b. I want to eat pizza for dinner.

c. I want to go to the park this weekend.

d. I want to watch a movie tonight.

TIP '~하고 싶어요.' 어떤 행동을 하고 싶다고 표현하고 싶을 때

2   I have nothing to ~ .

a. I have nothing to declare.

b. I have nothing to eat for breakfast.

c. I have nothing to wear to the party.

d. I have nothing to do this afternoon.

TIP '~할 게 없어요.' 어떤 행동을 할 것이 없다고 표현하고 싶을 때

수하물 찾기

Where is the baggage claim area?
수하물 찾는 곳이 어디죠?
🏷️ TIP baggage claim 수하물 찾는 곳

I need to pick up my luggage.
제 수하물을 찾아야 합니다.

I can't find my stuff.
제 물건을 찾을 수 없어요.

Could you help me find my luggage?
수하물 찾는 걸 도와주실 수 있나요?

My baggage tag number is 5786.
제 수하물 태그 번호는 5786입니다.

I have a claim tag.
저는 수하물 수취증이 있습니다.

Is there a lost and found office here?
여기 분실물 센터가 있나요?

My baggage is damaged.
제 수하물이 손상되었습니다.

My bag is this size.
제 가방은 이만 한 사이즈예요.

My luggage is missing.
제 수하물이 없어졌습니다.

My baggage is coming.
저기 짐이 나오네요.

Where is the baggage cart?
카트는 어디에 있지요?

Improving Writing and Speaking Skills
PRACTICE, PRACTICE AGAIN & AGAIN

1. 수하물 찾는 곳이 어디죠?

----

2. 제 수하물을 찾아야 합니다.

----

3. 제 물건을 찾을 수 없어요.

----

4. 제 수하물 태그 번호는 5786입니다.

----

5. 저는 수하물 수취증이 있습니다.

----

6. 여기 분실물 센터가 있나요?
----

7. 제 수하물이 손상되었습니다.
----

8. 제 가방은 이만 한 사이즈예요.
----

9. 제 수하물이 없어졌습니다.

Date: _____

수화물 찾기

baggage claim
수하물 찾는 곳

luggage
짐가방/수하물

claim tag
수하물 수취증

is damaged
손상이 되다

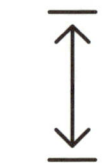
this size
이 만한 크기

is missing
없어지다

cart
카트

is coming
~이 온다

pick up
(짐)~을 찾다

Date: _____

수화물 찾기

 baggage claim	 luggage	 claim tag
 is damaged	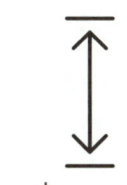 this size	 is missing
 cart	 is coming	 pick up

KEY EXPRESSIONS

Directions: 주어진 문장들 외에 더 많은 문장을 만드는 확장훈련을 해 보세요. 네이버 영어사전의 예문을 통해서 간단하고 본인에게 적합한 최소 다섯 문장을 찾아서 기록하고 말하기 연습을 하세요. 또는 youglish.com에 들어가서 문장도 찾아보고 다양한 사람들의 소리도 들어 보세요. 쉐도잉은 필수입니다.

1   Could you help me to ~ ?

a. Could you help me to find my luggage?

b. Could you help me to carry these bags?

c. Could you help me to fix my bike?

d. Could you help me to set up the table?

> TIP '~해 주실래요?' 도움을 요청할 때

2   ~ is coming.

a. My baggage is coming.

b. The bus is coming.

c. The rain is coming.

d. The teacher is coming.

> TIP '~가 오고 있어요.' 사물이나 사람이 다가오고 있는 상황을 표현할 때

memo

08

Travel makes one modest. - Gustave Flaubert
여행은 사람을 겸손하게 만든다.

Emergency Situation

아프거나 다쳤을 때

Where is the nearest clinic?
가장 가까운 의원은 어디죠?

Where is the nearest pharmacy?
가장 가까운 약국은 어디죠?

I want to contact my embassy.
대사관과 연락하고 싶어요.
 contact 연락하다/embassy 대사관

I'm not feeling well.
몸이 안 좋아요.

I'm in bad shape.
컨디션이 안 좋아요.
TIP in bad shape (사물, 경제 등이) 안 좋은 상태에, 불황인, 건강이 안 좋은

I think I have the flu.
독감에 걸린 것 같아요.

My stomach feels heavy.
속이 좀 거북해요.

I have a fever.
열이 있어요.

I have a runny nose.
콧물이 나와요.

I have no appetite.
식욕이 없어요.

I think I'm going to vomit.
토할 것 같아요.

I have a severe pain in my chest.
가슴에 심한 통증이 있어요.

Improving Writing and Speaking Skills
PRACTICE, PRACTICE AGAIN & AGAIN

1. 가장 가까운 의원은 어디죠?
------

2. 대사관과 연락하고 싶어요.
------

3. 몸이 안 좋아요.
------

4. 컨디션이 안 좋아요.
------

5. 독감에 걸린 것 같아요.
------

6. 속이 좀 거북해요.

----

7. 콧물이 나와요.

----

8. 식욕이 없어요.

----

9. 가슴에 심한 통증이 있어요.

Date: _____

아프거나 다쳤을 때

clinic 진료소	pharmacy 약국	contact 연락하다
embassy 대사관	be in bad shape ~이 안좋다	I have a (증상) (증상)이 있다
runny nose 콧물	no appetite 식욕이 없다	a dull pain 약간의 통증

JETSETTER'S 여행영어

Date: _____

아프거나 다쳤을 때

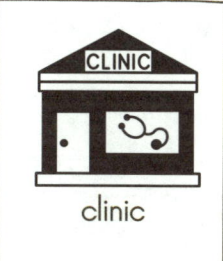
clinic

pharmacy

contact

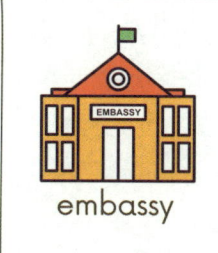
embassy

be in bad shape

I have a (증상)

runny nose

no appetite

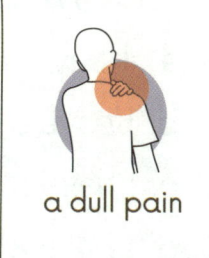
a dull pain

KEY EXPRESSIONS

Directions: 주어진 문장들 외에 더 많은 문장을 만드는 확장훈련을 해 보세요. 네이버 영어사전의 예문을 통해서 간단하고 본인에게 적합한 최소 다섯 문장을 찾아서 기록하고 말하기 연습을 하세요. 또는 youglish.com에 들어가서 문장도 찾아보고 다양한 사람들의 소리도 들어 보세요. 쉐도잉은 필수입니다.

1 I'm in (a) bad ~ .

a. I'm in bad shape.

b. I'm in a bad mood today.

c. I'm in a bad situation financially.
   재정적으로 나쁜 상태야. financially 재정(금융)적으로

d. I'm not in a position to help you.
   너를 도울 처지(입장)가 아니다.

   TIP 특정 상태나 상황이 안 좋을 때

2 I have a severe pain in my ~ .

a. I have a severe pain in my chest.

b. I have a severe pain in my head.

c. I have a severe pain in my back.

d. I have a severe pain in my stomach.

   TIP '~에 심한 통증이 있어요.' 통증 상황을 표현하고 싶을 때

분실·도난

I lost my ticket.
차표를 잃어버렸어요.

I think my wallet is missing.
제 지갑이 없어진 것 같아요.

I lost my passport.
여권을 잃어버렸어요.

I can't remember where I left it.
어디에 놓았는지 기억이 안 나요.

I left my bag on the train.
열차에 가방을 두고 내렸어요.

Go to the police station.
경찰서로 가 보세요.

Please reissue my passport.
여권을 재발급해 주세요.

 reissue 재발행, 재발급, 재발매

My bag was stolen.
가방을 도난당했어요.

I had my wallet stolen.
지갑을 도둑맞았어요.

Can you describe it to me?
저에게 그것을 설명해 주시겠어요?

Please call the police.
경찰 좀 불러 주세요.

My baggage is missing.
제 가방이 없어졌어요.

Improving Writing and Speaking Skills
PRACTICE, PRACTICE AGAIN & AGAIN

1. 차표를 잃어버렸어요.

---

2. 제 지갑이 없어진 것 같아요.

---

3. 여권을 잃어버렸어요.

---

4. 어디에 놓았는지 기억이 안 나요.

---

5. 열차에 가방을 두고 내렸어요.

---

6. 여권을 재발급해 주세요.

-----

7. 가방을 도난당했어요.

-----

8. 저에게 가방을 설명해 주시겠어요?

-----

9. 제 가방이 없어졌어요.

Date: _____

분실·도난

lost(lose)
잃어 버렸다

can't remember
기억이 안나요

where I left it
어디에 놓았는지

have left
~을 두고오다

police station
경찰서

reissue
재발급하다

was stolen
도난 당하다

describe
설명하다

a dull pain
약간의 통증

Date: _____

분실·도난

lost(lose)

can't remember

where I left it

have left

police station

reissue

was stolen

describe

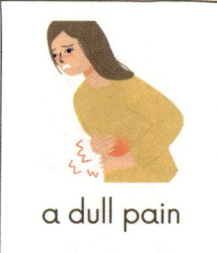
a dull pain

KEY EXPRESSIONS

Directions: 주어진 문장들 외에 더 많은 문장을 만드는 확장훈련을 해 보세요. 네이버 영어사전의 예문을 통해서 간단하고 본인에게 적합한 최소 다섯 문장을 찾아서 기록하고 말하기 연습을 하세요. 또는 youglish.com에 들어가서 문장도 찾아보고 다양한 사람들의 소리도 들어 보세요. 쉐도잉은 필수입니다.

1 I lost ~ .

a. I lost my wallet on the bus.

b. I lost my keys. I can't find them anywhere.

c. I lost my phone at the park.

d. I lost my way in the city.

> TIP '~을(를) 잃어버렸어요.' 무언가 분실한 상황을 표현할 때, anywhere 어디에서도, 어디에도/긍정문에서는 somewhere를 쓴다

2 I left ~ .

a. I left my bag on the train.

b. I left my umbrella at home.

c. I left my book in the library.

d. I left my jacket on the bus.

> TIP '~을 두고 왔어요.' 어떤 물건을 두고 온 상황을 표현할 때

08 Emergency Situation

교통사고 났을 때

I had an accident.
사고를 당했어요.

I injured my back.
허리를 다쳤어요.
🆃🅸🅿 injure 부상을 입다, 부상을 당하다, 부상을 입히다, (평판, 건강)을 해치다

Are you okay?
괜찮으세요?

I'm sorry, it was my fault.
미안합니다, 제 잘못이에요.

Can I see your driver's license?
운전 면허증을 볼 수 있을까요?

Please call the ambulance.
구급차를 불러 주세요.

I need to take pictures of the accident scene.
사고 현장을 사진으로 찍어야 해요.

Let's exchange contact information.
연락처를 교환해요.

Do you have a pen and paper?
펜과 종이 있으세요?

Can you describe what happened?
어떻게 사고가 발생했는지 설명해 주실 수 있나요?

I will report this to my insurance company.
이 사고를 보험사에 신고할 거예요.

Thank you for your cooperation.
협조해 주셔서 감사합니다.

 cooperation 협조=assistance

Improving Writing and Speaking Skills
PRACTICE, PRACTICE AGAIN & AGAIN

1. 사고를 당했어요.

2. 허리를 다쳤어요.

3. 미안합니다, 제 잘못이에요.

4. 운전 면허증을 볼 수 있을까요?

5. 구급차를 불러 주세요.

6. 사고 현장을 사진으로 찍어야 해요.

---

7. 연락처를 교환해요.

---

8. 어떻게 사고가 발생했는지 설명해 주실 수 있나요?

---

9. 이 사고를 보험사에 신고할 거예요.

교통사고 났을 때

a car accident
교통사고

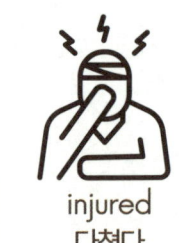
injured
다쳤다

my fault
내 잘못

driver's license
운전면허증

accident scene
사고 현장(장면)

contact information
연락처

what happened
무슨일이 일어났느냐

insurance company
보험회사

cooperation
협력/협조

Date: _____

교통사고 났을 때

a car accident

injured

my fault

driver's license

accident scene

contact information

what happened

insurance company

cooperation

KEY EXPRESSIONS

Directions: 주어진 문장들 외에 더 많은 문장을 만드는 확장훈련을 해 보세요. 네이버 영어사전의 예문을 통해서 간단하고 본인에게 적합한 최소 다섯 문장을 찾아서 기록하고 말하기 연습을 하세요. 또는 youglish.com에 들어가서 문장도 찾아보고 다양한 사람들의 소리도 들어 보세요. 쉐도잉은 필수입니다.

1 Can you describe ~ ?

a. Can you describe what happened?

b. Can you describe the painting's meaning?

c. Can you describe the movie's storyline?

d. Can you describe the situation in detail?

> TIP '~을(를) 설명해 줄래요?' 주제나 상황을 자세히 설명 요청할 때
> storyline 줄거리/ situation 상황, 상태/ in detail 상세하게

2 I'll report this to ~ .

a. I'll report this to my insurance company.

b. I'll report this to the police.

c. I'll report this to the manager.

d. I'll report this to the teacher.

> TIP '~에게 신고하겠습니다.' 어떤 문제나 사안을 담당자나 기관에 알릴 때
> manager 경영자, 운영자, 관리자/ (배우, 음악가 등의) 매니저

JETSETTER'S 여행영어

———————— memo ————————

09

Change is the essence of life. - Anatole France
변화는 삶의 본질이다.

Improving Speaking Skills

짧고 가벼운 대화 1

This place has a good vibe.
이 장소는 좋은 분위기를 가지고 있다.
 vibe 분위기

Do you come here a lot?
이곳에 자주 오나요?

Do you live nearby?
근처에 사세요?

Where are you headed?
어디로 가고 계시나요?

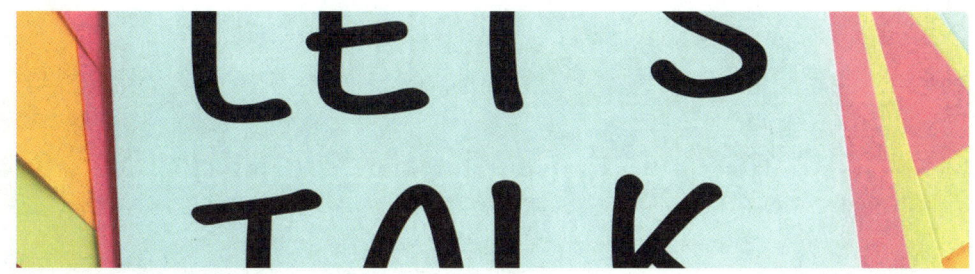

I'm headed to Auckland.
오클랜드로 가고 있어요.
 be headed to ~로 향하다

What a beautiful day!
날씨가 너무 좋아!

What have you been up to?
그동안 뭐 하고 지냈어?

How are you doing today?
오늘은 어떻게 지내고 있어요?

Are you traveling for business?
출장을 위한 여행이니?

What did you do over the weekend?
주말에 뭐 했어요?
 over the weekend 주말에

Did you have a good day in school?
학교에서 잘 지냈어요?

Do you have any plans this weekend?
이번 주말에 계획 있으세요?

Improving Writing and Speaking Skills
PRACTICE, PRACTICE AGAIN & AGAIN

1. 이 장소는 좋은 분위기를 가지고 있다.

   ----

2. 이곳에 자주 오나요?

   ----

3. 어디로 가고 계시나요?

   ----

4. 오클랜드로 가고 있어요.

   ----

5. 날씨가 너무 좋다!

   ----

6. 그동안 뭐 하고 지냈어?

---

7. 오늘은 어떻게 지내고 있어요?

---

8. 출장을 위한 여행이니?

---

9. 주말에 뭐 했어요?

Date: _____

짧고 가벼운 대화 1

good vibe
좋은 분위기

be headed to
~로 향하여 가다

gorgeous
멋지/아름다운

what's up?
요즘 어때?

for business
출장을 위한

over the weekend
주말에

have a good day
좋은 하루를 보내다

any plans
무슨 계획

near hear
근처에

짧고 가벼운 대화 1

good vibe

be headed to

gorgeous

what's up?

for business

over the weekend

have a good day

any plans

near hear

KEY EXPRESSIONS

Directions: 주어진 문장들 외에 더 많은 문장을 만드는 확장훈련을 해 보세요. 네이버 영어사전의 예문을 통해서 간단하고 본인에게 적합한 최소 다섯 문장을 찾아서 기록하고 말하기 연습을 하세요. 또는 youglish.com에 들어가서 문장도 찾아보고 다양한 사람들의 소리도 들어 보세요. 쉐도잉은 필수입니다.

1   I'm headed to ~ ?

a. I'm headed to Auckland.

b. I'm headed to the library to return my books.

c. I'm headed to the gym to work out.

d. I'm headed to the cafe to meet a friend.

> TIP '~에 가고 있어요.' 어떤 장소에 가고 있는 상황을 표현할 때
> work out 운동하다

2   What did you ~ over the weekend?

a. What did you do over the weekend?

b. What did you eat over the weekend?

c. What did you read over the weekend?

d. What did you talk about over the weekend?

> TIP 주말 동안의 다양한 활동에 대해 물어볼 때
> over the weekend 주말에

짧고 가벼운 대화 2

What do you do for work?
무슨 일 하세요?
> TIP What do you do for a living? 무슨 일 하세요?

How long have you been working on this?
이 일을 한 지 얼마나 되셨어요?

How did you get into teaching?
어떻게 교직에 입문하게 되었습니까?
> TIP get into (특정한 전문직종에) 입문하다, 들어가다

What did you do before this?
이 일 전에는 무엇을 했나요?

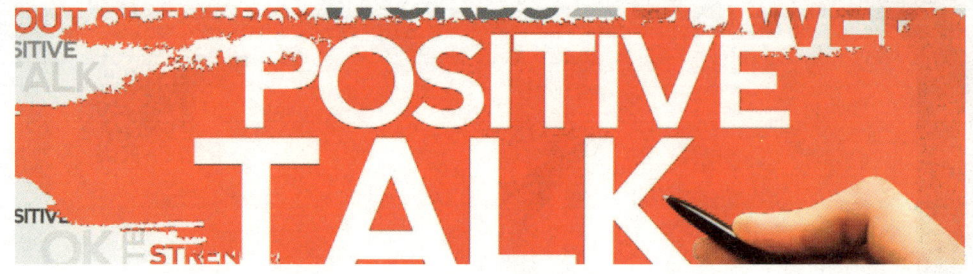

If you don't mind me asking, are you married?
결혼하셨는지 물어봐도 될까요?
🏷️ If you don't mind me asking, 여쭈는 게 실례가 되지 않는다면

I'm a morning person.
나는 아침형 인간입니다.
🏷️ I'm a ~ person. 나는 ~을 좋아하는 사람입니다.

What do you do in your free time?
시간이 날 때 뭐 하세요?

Do you have any brothers or sisters?
형제나 자매 있으세요?

Do you have any pets?
반려동물 있으세요?

What's your dream job?
가장 꿈꾸는 직업은 뭐예요?

Do you prefer the city or the countryside?
도시와 시골 중에 어디를 더 좋아하세요?

Have you ever been to a concert?
콘서트에 가 본 적 있으세요?

1. 무슨 일 하세요?

2. 이 일을 한 지 얼마나 되셨어요?

3. 어떻게 교직에 입문하게 되었습니까?

4. 이 일 전에는 무엇을 했나요?

5. 결혼하셨는지 물어봐도 될까요?

6. 나는 아침형 인간입니다.

7. 시간이 날 때 뭐 하세요?

8. 형제나 자매 있으세요?

9. 콘서트에 가 본 적 있으세요?

짧고 가벼운 대화 2

doing this job
이 일을 하다

get into teaching
교직에 입문하다

morning person
아침형 인간

free time
자유시간

brothers or sisters
형제 자매

any pets
반려동물

dream job
꿈꾸는 직업

contryside
시골

have been to
~에 가본적 있다

짧고 가벼운 대화 2

doing this job

get into teaching

a morning person

free time

brothers or sisters

any pets

dream job

contryside

have been to

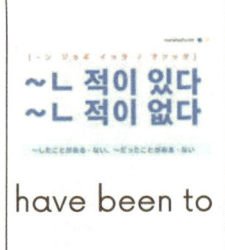

KEY EXPRESSIONS

Directions: 주어진 문장들 외에 더 많은 문장을 만드는 확장훈련을 해 보세요. 네이버 영어사전의 예문을 통해서 간단하고 본인에게 적합한 최소 다섯 문장을 찾아서 기록하고 말하기 연습을 하세요. 또는 youglish.com에 들어가서 문장도 찾아보고 다양한 사람들의 소리도 들어 보세요. 쉐도잉은 필수입니다.

1 How did you get into v-ing?

a. How did you get into teaching?

b. How did you get into hiking?

c. How did you get into painting?

d. How did you get into cooking?

> TIP '~에 어떻게 흥미를 갖게 되었나요?'

2 I'm a ~ person.

a. I'm a morning person.

b. I'm a social person.

c. I'm a coffee person.

d. I'm a dog person.

> TIP '나는 ~을 좋아하는 사람입니다.' 자신의 관심이나 성격을 표현할 때
> a social person 사교적인 사람

만능 영어 패턴

Don't be afraid to fail. Be afraid not to try.
- Michael Jordan
실패하는 것을 두려와 마라. 시도하지 않는 것을 두려워 해라.

I'd like to~
~하고싶다.

I'd like to talk to you about the boss's behavior.
상사에 대해 너에게 말하고 싶습니다.

I'd like to learn a new language.
새로운 언어를 배우고 싶습니다.

I'd like to say a few words.
몇 말씀 드리고 싶습니다.

I'd like to get a refund for this bag.
이 가방을 환불하고 싶어요.

Can I get(have)~
~좀 주실래요?

Can I get a coffee?
커피 한 잔 주시겠어요?

Can I get the bill?
계산서 주시겠어요?

Can I get a discount?
할인 좀 해 주시겠어요?

Can I get my money back?
환불해 주시겠어요?

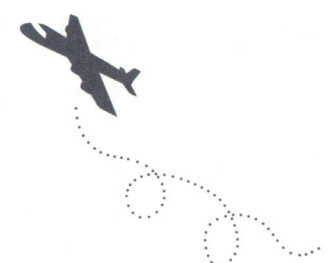

Can you~
~해 주시겠어요

Can you please carry this box?
이 박스 좀 날라 주시겠어요?

Can you clean the room?
방 좀 청소해 주시겠어요?

Can you fix the bike?
자전거 고쳐 주시겠어요?

Can you water the plant?
그 식물에 물 좀 주시겠어요?

Date: _____

I'd like~/Can you~ Can I get(have)~

say a few words
몇 말씀하다

get a refund for
~을 환불받다

get a coffee
커피 한잔하다

get a bill
계산서를 받다

get a discount
할인을 받다

get money back
돈을 돌려받다

carry this box
이 박스를 나르다

fix the bike
자전거를 고치다

water the plant
그 식물에 물주다

JETSETTER'S 여행영어

Date: _____

I'd like~/Can you~ Can I get(have)~

say a few words

get a refund for

get a coffee

get a bill

get a discount

get money back

carry this box

fix the bike

water the plant

Where is the/a/an~
~이 어디인가요?

Where is the bank?
은행이 어디인가요?

Where is the taxi stand?
택시 정류장이 어디인가요?
 bus stop 버스 정류장

Where is the mall?
몰이 어디인가요?

Where is the museum?
박물관이 어디 있나요?

I don't know how to~
~하는 방법을 모르겠어요.

I don't know how to explain it.
어떻게 설명해야 할지 모르겠어요.

I don't know how to fix this.
이것을 어떻게 고쳐야 할지 모르겠어요.

I don't know how to balance everything.
모든 것을 어떻게 균형을 맞추어야 할지 모르겠어요.

I don't know how to say that in English.
그것을 영어로 어떻게 말해야 할지 모르겠어요.

I'm looking for something
~을 찾고 있는데요.

I'm looking for something.
무언가를 찾고 있어요.

I'm looking for a new job.
새로운 직장을 찾고 있어요.

I'm looking for answers.
답을 찾고 있어요.

I'm looking for a jumper.
점퍼를 찾고 있어요.

Date: _____

Where is~
I don't know~
I'm looking for~

taxi stand
택시 정류장

shopping mall
쇼핑몰

museum
박물관

how to explain
어떻게 설명해야 할지

how to fix
어떻게 고쳐야 할지

balance
균형

how to say
어떻게 말해야 할지

be looking for
~을 찾고 있는

a new job
새로운 일

09 Improving Speaking Skills

Date: _____

Where is~
I don't know~
I'm looking for~

taxi stand

shopping mall

museum

how to explain

how to fix

balance

how to say

be looking for

a new job

JETSETTER's 여행영어

Do you have~
~가 있나요?

Do you have any ideas?
어떤 의견을 가지고 있나요?

Do you have a difference in view?
보기에(관점에서) 차이가 있나요?

Do you have any concerns?
걱정 있어요?

Do you have any advice?
조언 있나요?

I will~
~로 할게요.

I will have this.
이것으로 할게요.

I will have a beer.
맥주로 할게요.

I will have the same.
똑같은 거로 할게요.

I will take it.
이걸로 할게요.

Date: _____

Do you have~
I will~

Do you have ~
~을 가지고 있니?

any ideas
어떤 의견

difference
차이

in view
보기에/관점에서

any concerns
어떤 걱정/우려사항

any advice
어떤 조언

I will have ~
~로 할께요/주세요

have the same
같은 거로 할께요

I will take it
이걸로 할께요

Date: _____

Do you have~
I will~

Do you have ~

any ideas

difference

in view

any concerns

any advice

I will have ~

have the same

I will take it

JETSETTER'S 여행영어

축약 & 줄임말

Travel far, travel wide, and travel boldly.
- Ibn Battuta
멀리 여행하고, 넓게 여행하고, 대담하게 여행하라.

I just wanna go back home.
I just want to go back home.
집에 가고 싶어.

I'm gonna give you some books.
I'm going to give you some books.
내가 몇 권의 책을 줄게.

I gotta save some money first.
I (have) got to save some money first.
먼저 돈 좀 모아야 해.

I hafta study every day.
I have to study every day.
나는 매일 공부해야 해.

I dunno what to do.
I don't know what to do.
무엇을 해야 할지 모르겠어.

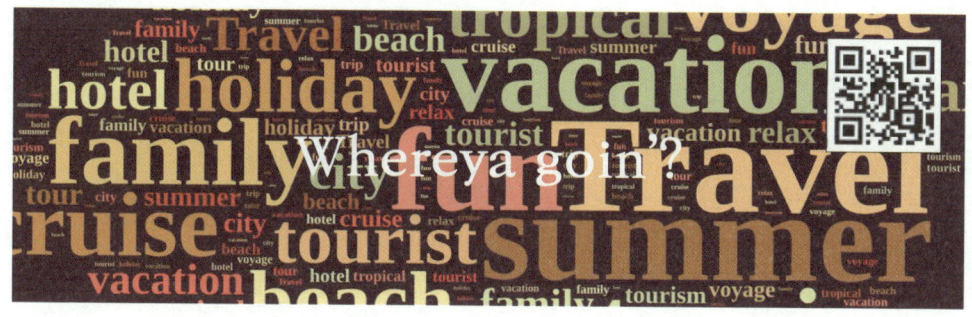

She usta live in Canada.
She used to live in Canada.
그녀는 캐나다에 살았었어.

It musta been love.
It must have been love.
그건 분명 사랑이었을 거야.

I coulda been a doctor.
I could have been a doctor.
내가 의사가 될 수도 있었어.

Whatcha doing later?
What are you doing later?
이따가 뭐 할래?

Whereya goin'?
Where are you going?
어디 가세요?

Whadaya think?
What do you think?
어떻게 생각해?
TIP do 〉 da, you 〉 ya / what에서 t 소리는 발음하지 않는다.

Where'd ya gedi'?
Where did you get it?
어디에서 샀니?
TIP t/tt가 모음 사이에 있으면 d 소리로 바뀐다.

Are ya doin' OK?
Are you doing OK?
TIP doing에서 g소리는 발음하지 않는다.

I'm 'bout ta pass out, I'm so hungry.
I'm about to pass out, I'm so hungry.
나 기절 직전이야, 너무 배고파.
TIP to는 기능어이며, 슈화 현상에 의해서 '터/트' 소리가 적당하다.

How zit goin'?
How's it going?
어떻게 지내?
TIP s 다음에 모음이 오면(s+모음) s 〉 z 로 바뀐다.

Joo wanna go?
Do you want to go?
가기 원해?
TIP Do you 〉 Joo

It's a ho' one t'day.
It's a hot one today.
오늘 날씨가 덥네요.
TIP Today에서 o는 생략해서 발음한다.

I jus' live down the street.
I just live down the street.
바로 길 아래쪽에 살아.
TIP just에서 t는 발음하지 않는다.

It'll pro'ly be OK.
It'll probably be OK.
아마 괜찮을 것이다.
TIP probably 〉 probly(프라블이) 〉 pro'ly(프롤이)

I'll never have that kin'a money.
I'll never have that kind of money.
그만 한 돈은 결코 가지지 못할 것이다.
TIP kind of 〉 kinda(카인더) 〉 kin'a(카인어)

KEY EXPRESSIONS

Directions: 주어진 문장들 외에 더 많은 문장을 만드는 확장훈련을 해 보세요. 네이버 영어사전의 예문을 통해서 간단하고 본인에게 적합한 최소 다섯 문장을 찾아서 기록하고 말하기 연습을 하세요. 또는 youglish.com에 들어가서 문장도 찾아보고 다양한 사람들의 소리도 들어 보세요. 쉐도잉은 필수입니다.

1 I (have) got to ~ .

a. I have got to save some money first.

b. I have got to wake up early for work tomorrow.

c. I have got to study for the upcoming exam.

d. I have got to clean my room this weekend.

> TIP '~을 해야 해.' 필요하거나 의무적으로 해야 하는 상황을 표현할 때
> upcoming exam 다가오는 시험

2 She used to ~ .

a. She used to live in Canada.

b. I used to play the piano when I was young.

c. I used to eat a lot of candy when I was a child.

d. I used to go swimming every summer.

> TIP '예전에 ~을 했어요.' 과거의 습관이나 행동을 표현할 때

— memo —

10

The fool wanders, a wise man travels
- Thomas Fuller
바보는 방황하고 현명한 사람은 여행한다.

Valuable Travel Insights

여행이 더 안전하고 편해지는
스마트한 정보

여행국의 정보 수집하기

원활하고 즐거운 여행을 위해서는 방문하려는 국가의 정보 수집이 필수입니다. 서점에서 판매되고 있는 여행국의 가이드북을 구입해 국가(지역)의 위치, 기후와 날씨, 언어, 종교, 문화와 관습, 법규, 치안 상태, 풍토병, 이동 수단, 기타 유의 사항 등 전반적인 정보를 미리 숙지하고 가면 안전하고 편안한 여행이 될 수 있습니다.

여권 관리는 철저하게

여권은 해외에서 자신의 신분증명서이므로 상시 휴대하시고 철저히 관리해야 하며 대외적으로 신인도가 높아 범죄 조직원의 주요 절취 또는 위조의 표적이 될 수 있습니다.

분실·도난을 당했을 때

여권 분실 시 가까운 현지 경찰서를 찾아가 '여권 분실 증명서'를 발급받아 신분증(여권 사본 등)과 경찰서 발행 '여권 분실 증명서' 원본, 여권용 컬러사진 2매, 수수료 등을 준비하고 재외공관을 방문하여 '여권 발급 신청서(재외공관용)', '여권 분실 신고서' 등을 작성한 후 여권 담당자에게 제출하면 됩니다.

타인 물건 대리 운반 절대 금지

자신의 휴대품을 특정 지점에 전달해 줄 것을 요청하는 경우 불법 입국, 마약, 밀수 등의 범죄에 이용당하는 피해가 발생할 수 있으므로 절대 응해서는 안 됩니다.

질병에 대비하여

해외에서는 병원 진료비 및 약값이 매우 비싼 편이기 때문에 자신에게 필요한 구급상비약은 미리 준비해 두며, 장기적으로 약을 복용하거나 지병이 있을 경우 일정에 맞추어 약을 넉넉하게 준비하도록 합니다. 만성질환자(고혈압, 당뇨, 천식 등)는 여유분의 약과 영문 처방전을 사전에 준비하는 것도 좋습니다.

여행용 상비약 준비

해열제, 진통제, 소염제, 지사제, 소화제, 종합감기약, 살균소독제, 상처에 바르는 연고, 모기 기피제, 멀미약, 일회용 밴드, 거즈, 반창고, 만성질환(고혈압, 당뇨, 천식 등)용 약을 미리 준비해야 합니다.

영사콜센터 이용하기

① 영사콜센터 문의전화

[국내외] 822-3210-0404 [해외] 800-2100-0404

② 영사콜센터 SNS 안내

Facebook: www.facebook.com/call0404

Twitter: www.twitter.com/call0404

외교부 '해외안전여행' 애플리케이션 활용하기

위기 상황별 대처 매뉴얼, 국가별 여행경보단계, 공관 위치 찾기, 영사콜센터 번호, 대사관&총영사관 연락처 및 현지 긴급구조 연락처 등 안전한 해외여행을 위한 다양한 정보를 제공하고 있습니다.

수하물을 분실한 경우

공항에서 짐을 찾을 수 없게 되었을 때 '화물인수증(Claim Tag)'과 '분실신고서'를 작성하여 해당 항공사 직원에게 제시하면 항공사에서 책임을 지고 배상을 해 줍니다.

입국신고서 작성하기

개인정보 작성 방법

입국신고서의 내용은 가급적 영어 대문자로 작성을 합니다. 이름과 생년월일, 국적, 성별을 기재하게 되며, 특히 이름의 경우 Family name(성), Given name(이름)으로 분류하여 작성합니다.
여권상 영문 이름을 보고 똑같이 씁니다.

- Family name 또는 Last name(성): LEE
- Given name 또는 First name(이름): CHOONHWA
- Nationality(국적): KOREAN
- Sex(성별): MALE(남자) / FEMALE(여자)
- Date of Birth(생년월일): (YYYY-MM-DD) 2023-10-26
- Occupation(직업): 회사원 Office worker 학생 Student

여권 관련 작성 방법

- Passport NO 여권번호, Place of issue 여권발급 국가
- Date of issue/Expiration Date 발급일자/만료일자

주소 작성 방법

주소의 경우에는 우리나라 주소 표기 체계와 조금 차이가 있습니다. 우리나라의 경우 단위가 큰 순서대로 작성하지만, 영문으로 작성할 때에는 작은 단위부터 차례대로 작성하며 주소를 구분할 때는 쉼표(,)를 사용해 주면 됩니다. 예를 들면, 아래와 같습니다.
0604는 우편번호(Zip code)를 의미합니다.
- 한국주소: 뉴질랜드 오클랜드 티티랑이 카우릴랜드 23번지
- 영문주소: 23 Kaurilands Road, Titirangi, Auckland 0604, New Zealand

입국(방문) 목적(Purpose of visit)

여행 Travel, 관광 Sightseeing, 휴가 Holiday, 업무 Business 공부 Study/Education, 친지 방문 Visiting Relatives, 환승 Transit

날짜 작성 방법

생년월일(Birth)을 포함하여 날짜를 작성할 때는 일(day)/월(Month)/연도(Year) 순서대로 기재하게 됩니다. 그러나 나라별로 순서가 다르므로 꼭 확인해야 합니다. 간혹 날짜를 영어로 작성하는 경우가 있는데 영어가 아닌 숫자로 기재합니다.
- 05/09/2023 또는 05-09-2023, 이렇게도 작성 2023-09-13

기타 정보

지난 여름 뉴질랜드를 다녀오면서 종이 입국신고서를 작성할 필요가 없다는 것을 알게 되었습니다. 베트남, 미국, 영국 등 일부 국가들은 폐지하였고, 대부분의 나라에서는 이제 온라인 여행자 신고서가 입국신고서를 대체하고 있습니다. 일본은 Visit Japan Web, 필리핀은 eTravel, 뉴질랜드는 NZED, 대만은 e-Gate, 싱가포르는 SG card, 말레이시아는 MDAC, 캄보디아는 Cambodia e-Arrival에서 출국 전 사전 등록(신고)을 하면 입국신고서를 작성할 필요가 없고 세관신고서 역할을 겸하는 경우도 있습니다. 입국하는 나라마다 너무나 다양함으로 출국전 잘 알아보시기 바랍니다.

분실/도난 물품 신고서 작성하기

해외여행 중 분실이나 도난 사고를 당했다면, 바로 현지 경찰서에 방문한 다음 신고를 해야 잃어버린 물건을 찾거나 보상받을 수 있습니다. 분실/도난 물품 신고서를 작성하고 해외여행자보험에 가입한 경우 현지경찰서로부터 '도난 신고서'를 발급받은 뒤, 귀국 후 해당 보험회사에 청구하면 보상받을 수 있습니다.

작성 방법

- 주소는 입국신고서 작성 때처럼 작성하면 됩니다.
- Date and Time of Item's Loss(분실/도난 날짜 및 시간)
- Lost at/in/near(분실/도난 장소): Near Newlyn Station
- Property Description(물품 설명): A black backpack
- Incident Description(사건설명): Left it on the train
- I hereby report that I accept the above application.
  상기와 같이 분실/도난되었기에 신고합니다.